서른에 읽는 아들러

ALFRED ADLER

내 인생을 살기 위한 심리 수업

서른에 읽는 아들러

박예진 지음

유노
북스

인간은 어느 순간에도
우월한 방향으로 움직인다.

나를 앞으로
나아가게 하는 힘은
나에게 있다

요즘 30대는 늘 걱정 속에 살고 있습니다. 불확실한 미래가 걱정돼 끊임없이 새로운 진로를 찾기 위해 고군분투합니다. 이들은 유년 시절 어른들로부터 좋은 대학이나 좋은 직장이 미래를 보장해 줄 것이라는 교육을 받고 자랐습니다. 그래서 학창 시절에는 열심히 공부해서 좋은 성적을 받아 좋은 대학에 진학하려 했고, 대학에 가서는 안정된 직장에 취업만 잘하면 인생이 편안하게 흘러갈 줄 알았죠.

하지만 막상 취업을 하고 보니 직장도 내 인생을 평생 책임져 주지 못한다는 걸 깨닫습니다. 40대 이상의 회사 선배들은 승진

하기 위해 밤낮없이 일하느라 정신이 없었고 소위 '줄타기'를 잘 하려고 직장 내 인간관계에도 늘 애를 썼습니다.

100세, 120세까지 살아야 하는 30대는 직장이 여생을 책임져 주지 못하는 현실을 직시합니다. 겨우 취업한 회사에서 최선을 다해 노력한다 해도 임원 자리는 한정돼 있고, 운이 좋아 임원으로 퇴직한다고 쳐도 퇴직해야 할 나이는 50대죠. 너무 이릅니다.

그래서 고민하게 됩니다. 지금 하는 일이 특별히 내가 좋아하는 일도 아닌 것 같아 새로운 일을 선택해야 할 것 같다가도 이내 생각을 거두기를 반복하죠. 만약 새로운 선택을 하면 인생이 원점으로 돌아갈 것 같아서입니다.

그런데 SNS를 보면 나만 뒤처져 있는 것 같다는 생각이 듭니다. 또래들이 자기 계발이나 재테크에 눈을 떠 급여 외 소득도 있고, 벌써 집을 마련했다거나 경제적 자유를 이뤘다는 이야기들을 심심찮게 보기 때문입니다.

나 빼고 다른 사람들은 전부 잘살고 있는 것 같아 타인과 나를 자꾸만 비교하게 되고 열등감이 든다면,

내가 아무리 노력해도 원하는 것이 제대로 이뤄지지 않는다는 생각이 든다면,

절대 실패하면 안 된다는 압박감이 든다면,

남의 시선으로부터 자유롭지 못하다면,

시작하기가 두렵다면….

세상 앞에 홀로 서 있는 나에게 반드시 들려줘야 할 이야기가 있습니다.

몸이 약한 아이, 열등감을 원동력으로 바꾸다

프로이트, 융과 함께 '현대 심리학의 3대 거장'으로 불리는 알프레드 아들러는 오스트리아의 유대계 의사이자 심리 치료사로서 개인 심리학의 창시자입니다. 아들러는 '용기의 메신저'로도 칭송받는데요. 그가 어떻게 현대 상담학의 기초를 다진 개인 심리학을 창시하고 용기의 메신저가 됐는지는 그의 생애를 살펴봐야 알 수 있습니다.

아들러는 불안과 열등감으로 가득한 유년기를 보냈습니다. 구루병을 앓아 걸음마가 느렸고, 3세 때는 동생의 죽음을 목격했습니다. 5세 때는 갑자기 쓰러져 죽음의 위기를 맞았죠. 왕진 온 의사가 아들러의 부모에게 '이제 더는 해 줄 것이 없으니, 마음의 준비를 해라'는 이야기를 했는데, 아들러가 이 말을 듣고는 '내가 의사가 되면 환자들에게 절망 대신 희망을 주겠다'는 다짐을 하며 살아났습니다.

유년기부터 몸이 약했던 그는 어릴 적 동년배보다 키가 작았습니다. 자신과 정반대인 형 지그문트에게 끊임없이 열등감을 느꼈죠. 하지만 그는 열등감에 빠져 있지만 않았습니다. 등산으로 체력을 단련하는 등 신체적 열등감을 극복하기 위한 노력을 했습니다. 아들러는 성장해 1888년 빈대학에서 의학을 공부했고, 안과 의사가 됐습니다.

현대 심리학의 3대 거장
알프레드 아들러

당대 심리학자들은 프로이트의 저작 《꿈의 해석》을 혹독하게 비판했습니다. 프로이트가 인간의 심리를 분석하는 도구가 무의식, 꿈 등 임상적으로 증명하기 어려운 것들이었기 때문이었죠. 하지만 아들러는 1902년 지그문트 프로이트의 《꿈의 해석》에 대해 옹호하는 의견을 학계에 내비칩니다. 이 일을 계기로 아들러는 프로이트가 주최하는 '수요 심리학 모임'에 초대를 받았고 프로이트, 융과 함께 활동합니다. 수요 심리학 모임은 1908년 빈

정신분석학회로 발전했습니다. 1911년에는 아들러가 학회 의장과 정신 분석학 잡지 〈국제정신분석학〉의 편집장을 맡기도 했습니다.

하지만 아들러는 프로이트와 결정적으로 인간의 성격 형성 요인에 대한 견해에 차이가 있었습니다. 프로이트는 인간의 기본 욕구가 성욕이며, 현재의 생각과 행동은 과거에 자리 잡은 무의식으로부터 영향을 받는다고 했습니다. 인간을 자신이 갖고 태어난 환경, 기본 욕구를 극복할 수 있는 존재라기보다는 이미 유아기에 많은 부분이 '결정'된 존재라고 본 것입니다.

반면 아들러는 인간의 기본 욕구를 성장 욕구로 봤습니다. 그는 열등감을 극복해서 더 나은 인간이 되기 위해 노력하는 가운데 성장하게 된다고 주장했습니다. 아들러의 자신이 신체적 및 정신적 열등감을 극복하면서 경험한 것들이 그의 학설의 바탕이 된 것입니다. 그래서 그는 자신의 열등감을 극복하기 위한 현재 삶에 대한 태도와 의미 부여가 중요하다고 했습니다. 아들러는 인간은 자신을 통찰하는 가운데 좀 더 나은 자신을 위해 노력했음을 인정하게 되며, 그 과정은 자신의 삶에 대한 관점과 태도의 변화를 수반하게 된다고 했습니다. 그래서 아들러는 인간의 성격은 변화가 가능하다는 선택론적인 입장입니다.

이러한 견해차로 아들러는 정신분석학회를 탈퇴합니다. 그는

1912년 개인 심리학을 창시하고 개인 심리학 협회를 창설했습니다. 개인 심리학은 인간의 열등감이 스스로 나아가게 하는 동기가 된다는 생각을 담은 것이었죠.

그는 스토아 철학, 칸트, 라마르크, 다윈, 니체, 마르크스로부터 영향을 받아 심리 이론을 정립했습니다. 인간은 자신의 의지가 방해받을 때 열등감이 생기는데, 이 열등감을 극복하기 위해 스스로 잠재력을 개발한다고 주장했습니다. 이 주장의 전제는 자기 자신을 있는 그대로 인정하고 수용하는 것입니다.

"어떤 경험도 성공이나 실패의 원인이 될 수 없다."

아들러는 정신 치료소의 선구자로 활동했습니다. 제1차 세계대전 후 세계 최초의 아동 심리 상담소 22곳을 열고, 유럽뿐만 아니라 미국에도 큰 열풍을 일으켰습니다. 미국으로 건너간 아들러는 인간의 잘못된 행동들의 대물림을 끊기 위해 가족 치료, 부모 교육, 집단 심리 교육 및 심리 치료의 중요성을 강조했습니다. 그와 함께 철학을 같이한 루돌프 드레이커스 박사는 아들러의 사상을 교육 분야에 접목했고, 전문가 양성을 위한 대학원들을 설립했습니다.

현재 아들러대학원은 미국 시카고, 캐나다 밴쿠버와 토론토 외에도 유럽 및 이스라엘 지역에도 설립돼 있으며, 전문가들의 학회 활동 및 연구 논문들이 발표되고 있습니다. 그가 유대인이라는 이유로 나치에 의해 1932년 아동 심리 상담소는 강제 폐쇄당했지만, 개인의 의지와 능력으로 고난을 이기고 인생을 바꿀 수 있다는 주장은 이후 심리학에 많은 영향을 미쳤습니다.

21세기의 아들러학파는 아들러의 가장 핵심 정신인 공동체 정신에 대한 실천을 중요시합니다. 개인과 집단을 넘어서 인간과 자연, 그리고 인류가 사는 우주와의 상호 협력적 관계 및 공동체감을 강조합니다.

불안한 존재들을 위한
아들러 심리학

인간 존재의 이유에 대한 연구에 힘 쏟은 정신 의학자이자 개인 심리학을 수립한 알프레드 아들러가 말했습니다.

"인간에게는 자기 삶의 방식을 선택할 수 있는 능력이 있다."

서른은 여러모로 완성되지 못한 상황에서 이를 메꾸기 위해 생존 투쟁을 하고 있는 시기입니다. 지금보다 더 우월한 방향으로 나가기 위해서 말이죠. 이 시대의 30대 역시 자기 존재의 이유에 대해 끊임없이 고민하고 증명하느라 애쓰는 것입니다. 그 여정에서 불확실한 감정과 관계와 목적과 미래를 마주하며 열등감, 불안, 혼란 등을 겪을 수 있습니다.

아들러에게 열등감이란 부정적인 의미만이 아닙니다. 그는 열등감을 느끼는 순간이 우월감을 추구하기 위해 발전하려 노력하려는 본능을 발휘하는 동기가 된다고 봤습니다. 아들러도 안정된 미래를 개척하기 위해 불안한 현시대의 30대와 비슷한 처지였습니다. 다만 그의 열등감은 열등감을 극복하는 용기와 능력으로 승화됐습니다.

열등감을 극복하는 과정에서 마음의 근육, 즉 회복 탄력성도 단단해지고 능력도 개발됩니다. 실제 우리도 지금 느끼는 열등감을 그대로 두지 않습니다. '부족하다'는 느낌은 사람을 움직이게 합니다.

이를테면 무리해서 투자를 하려는 현상도 결국 '안정적으로 살고 싶다'는 보편적인 욕구와 궁극적인 가치에서 나온 것이며, 직장에 들어갔다가 얼마 되지 않아서 다른 길을 찾는 행동도 좀 더 안정적인 길을 사회 초년생부터 찾아가고자 하는 희망에서 나온 것입니다. 좀 더 나아지고 싶어서 한 걸음씩 내딛고 있다는 의미입니다.

이 책은 알프레드 아들러를 대신해 여러분을 격려합니다. 서른을 바라보는 20대와 30대가 겪는 불안한 감정과 상황을 해소하고, 자신의 진정한 가치와 목적을 찾는 데 도움이 될 27가지 이야기를 담았습니다. 책 전반에 등장하는 아들러의 말들은 그가 남긴 논문과 자료들에서 여러분에게 용기를 줄 수 있는 문장들을 찾아 직접 옮기고 다듬었습니다.

신체적 제약을 이겨 낸 유년기의 아들러, 의학을 전공하면서 심리학과 사회학, 철학에 관심을 두고 섭렵한 20대의 아들러, 프로이트와 융을 만나 본격적으로 심리학에 발을 들인 32세의 아들러, 이후 시대의 억압에도 자신의 심리 이론을 구축하고 후학을 양성한 중년의 아들러….

아들러는 불확실하고 불안정한 오늘을 최선을 다해서 살아 내고 있는 30대에게 '지금까지 살아온 나를 그대로 인정하고 수용하는 용기'를 내라고 합니다. 타인과 비교하지 말고 내가 이룬 것에 더 집중하면서 자신의 속도대로 사는 용기를 내라고 합니다. 또 내 것이 아닌 것은 포기하고 다른 선택을 할 수 있는 용기를 내라고 합니다.

100년 전에도 지금에도 불안한 존재들을 위해 평생을 바친 아들러는 '지금 잘 살아 내고 있다'고 격려합니다. 그리고 '지금의 노력이 긍정적으로 도움이 된다'는 확신을 줍니다.

인생 앞에 홀로 선
나에게 주는 격려

달리기 경주를 하다 보면 나를 앞지르는 선수들이 먼저 눈에 띕니다. 사회에서도 내 위를 쳐다보면 올라갈 곳이 높습니다. 그래서 쉽게 스스로를 '부족하다', '가치 없다', '쓸모없다'고 여기고 타인과 비교하면서 자신을 비하할 수 있습니다.

하지만 돌아보면 나도 꽤 이룬 게 많습니다. 아래를 내려다보면 나는 누구보다도 높이 올라와 있습니다. 밑에서 내 위치로 올라오려고 하는 사람들도 있습니다. 속도가 조금 느릴지언정 움직이는 한 낙오자는 없습니다. 나도 내가 얻어 낸 자원으로 현실을 살아갈 수 있습니다. 지금까지 난관을 이겨 낸 노하우도 많으니 그것을 활용하면 됩니다. 30년을 살아왔다면 어떤 환경에도 적응할 수 있는 기본기는 마련한 것이니 걱정하지 마세요.

내가 갖지 못한 외부의 것들 때문에 흔들리지 마세요. 내 안에 이미 가득한 긍정적인 면에 더 초점을 맞추고 스스로를 격려하는 것이 중요합니다. 지금 내가 갖고 있는 것, 지금 할 수 있는 일, 지금 내가 이룬 것들에 더 집중하면서 현재를 더 단단하게 살아가는 것입니다. 나에게 있는 강점과 긍정적 자원에 집중하는 것이 지금 닥친 어려움을 극복할 수 있는 힘이 됩니다.

나는 견고하게 30년을 살아온 존재입니다. 혼자서 비바람을 맞으며 경쟁을 견디며 외롭게 이 길을 달려왔습니다. 그 길에서 서툴지만 다양한 일들도 경험했습니다. 부족함을 느꼈을 때는 좀 더 완벽에 가까워지기 위해 갖은 노력을 다해 본 경험도 있습니다.

　모두가 다른 환경에서 자라고 각자 처한 환경에 적응하고자 고군분투하면서 살아갑니다. 그 가운데 어려움도 있지만, 우리는 좀 더 나은 미래를 위해, 행복을 위해 앞으로 나아가고 있습니다. 앞으로 나아가는 과정에서 힘들 때마다 아들러의 격려를 기억해 주세요. "나는 이렇게 불확실한 세상에서 잘 버티고 있어. 그런 나를 정말 사랑해"라고 말해 주며 용기 있는 나를 늘 격려하고 응원하길 바랍니다.

2장
나의 불안은 언제 시작됐을까

아들러의 기억 저장소

3장

어떻게 사랑받고 사랑할까

아들러의 관계 수업

4장
무엇이 나를 나답게 할까
아들러의 자존감 훈련

1장
·

왜 자꾸
남과 나를
비교하게
될까

—

아들러의
감정 설명서

ALFRED
ADLER

01

·

열등감은
모든 목표와 노력의
출발점이다

열등감

"성공은 열등감의 다른 결과다. 열등감을 해결하려고 고군분투했던 사람들이 무언가를 이뤄 낸 것이다. 열등감은 인간의 입장에서 볼 때 모든 향상의 원인이다. 열등감 그 자체로는 비정상이 아니다. 인류의 모든 역사는 열등감 극복의 역사다. 인간은 생득적으로 열등할 뿐 아니라 늘 타인과 자신을 비교하고 자신이 할 수 없는 것이나 갖지 못한 것을 곧바로 다른 사람보다 못하다는 감정으로 받아들이는 탓에 인간은 항상 열등감으로부터 자유로울 수 없다."

수능을 두어 번 더 보는 바람에 남들보다 대학에 2년 늦게 입학한 지영 씨. 지영 씨는 남들보다 뒤처졌다는 생각에 휴학 한 번 없이 달렸고 학점에 어학 점수, 공모전 등 스펙을 쌓느라 방학에도 쉬지 못하고 열심히 살았습니다.

그 덕이었을까요? 졸업 후 국내에서 이름만 들으면 알 만한 대기업에 '칼취업'을 했습니다. 지영 씨는 그동안 열심히 달려온 데 대한 보상인 것 같아 고된 업무와 잦은 야근도 군소리 없이 이겨내고 있습니다.

어느 날 오랜만에 대학교 동기 모임에 나간 지영 씨는 한동안 연락이 뜸했던 친구들의 소식을 들었습니다.

"윤희는 위례 쪽 아파트 청약에 당첨돼가지고 입주한다던데."
"야, 지윤 선배는 벌써 애가 3살이래. 요즘 다들 영어 유치원 보낸다고 해서 엄청나게 고민한다더라."

결혼, 육아를 생각해 보기는커녕 학자금 대출을 갚기에도 삶이 벅찬 지영 씨는 취업하고 난 뒤에도 또 넘어야 할 문턱들이 자리 잡은 것 같다는 생각에 숨이 턱 막힙니다. 친구들은 저 멀리 앞서서 뛰고 있는 것만 같습니다. 동기 모임에서 돌아온 지영 씨는 마음이 초조합니다.

불안이라는
심리적 성장통

요즘 한국에서 30대는 사회적으로 완전히 독립한 연령대로 받아들여지지 않습니다. 경제적으로도 대인 관계 면으로도 아직 미숙합니다. 연애 관계에서 문제가 생기기도 하고 직장 동료, 상사와 갈등을 빚기도 해서 삶의 만족도가 높지 않습니다. 일종의 심리적 성장통을 앓는 시기인 셈이죠.

대다수의 20대가 대학교에 진학하고, 이들은 졸업 전까지 학교 성적이나 스펙 쌓기에 몰두합니다. 그리고 대학교 졸업 후 사회로 나오면서야 자기 내면으로 관심이 옮겨 갑니다. 이 시기는 여전히 부모에게 지원을 요구하고 인정받고 싶어 하는 의존적인 모습과 남은 생을 준비하는 독립된 성인이 돼야 한다는 조급함이 맞물릴 때입니다.

최근 발달 심리학자들은 30대 초반을 '신생 성인기 단계'로 부릅니다. 30대 초반의 어른들은 자신을 애지중지하는 부모에게서 독립할 수 있는 능력이 아직 모자라지만 어른의 특권을 계속 주장합니다. 학교나 부모의 지붕 아래에 있으면서 여전히 인정이나 칭찬을 요구하지만, 스스로를 아이나 청소년으로 생각하기엔 나이가 너무 많다고 인식합니다. 친구들이 취업하거나, 결혼으로 자신을 떠나고 부모의 지원이 철수되면서는 자신만의 독립적인 여정을 찾아가야 하는 필요성을 피부로 느끼게 됩니다.

이렇듯 '의존감'과 '독립심' 2가지의 감정이 상충하며 심리적으로 어려움을 겪는 시기가 30대 초반입니다. 이때는 아직 사회인으로서 어설프다는 생각이 듭니다. 스스로 내면을 돌이켜 본 지 오래지 않은 시기라 그렇죠. 그러면서 상대적으로 자신보다 좀 더 준비가 많이 된 다른 30대 또래와 스스로를 비교하며 열등감을 느낍니다. 현실적으로 이루지 못하는 것들이 보이고, 스스로가 결핍됐다는 생각을 자주 합니다.

타인보다 열등하다고 느끼는 과정은 지극히 개인적이고 주관적이라 타인의 평가나 피드백에는 그리 영향을 받지 않습니다. 즉 타인들이 아무리 잘한다고 인정해도 자신은 부족한 점에 더 초점을 맞추고 '더 잘해야 한다'는 비현실적 생각들을 키웁니다. 이것을 아들러는 '열등감'이라고 했습니다.

물론 현재에 안주하지 않는 태도는 사회적으로 좀 더 나은 내가 되는 데 동기 부여로 작용할 수 있습니다. 하지만 사회적 성공이 나의 자존감을 완전히 회복하는 것은 아닙니다. 사회적 성공에만 몰두하다 보면 대인 관계를 잘 맺는 것에는 소홀해질 가능성이 높습니다. 그 결과 '인생의 반쪽짜리 성공'이라는 열등감을 갖게 될 수도 있습니다. 인간은 타인과의 관계에서 늘 열등하지 않으려 하면서도 타인과의 협력과 상호 작용으로 관계를 잘 유지하고자 하는 욕구도 있기 때문입니다.

실제 이제는 '국민 가수' 칭호를 단 아이유 씨는 10대와 20대에 성공 가도를 달렸지만 일에만 집중한 삶을 두고 반쪽짜리라고 했습니다. 일에서는 성공을 이뤘지만 '스스로를 잘 돌봤는지', '주변 관계에는 소홀하지 않았는지'를 기준으로는 100점짜리라고 말하기 어려워 스스로를 그렇게 평가한 것입니다.

사람은 환경에 영향받지만
그 환경은 사람이 바꿀 수 있다

아들러는 유소년기에 키가 작았습니다. 구루병을 앓아 등, 팔다리가 휘었고 몸도 약했습니다. 아들러의 집에 정기적으로 왕진을 오는 주치의가 있을 정도였죠. 체구가 크고 언제나 건강했던 그의 형 지그문트와는 늘 비교를 당했습니다.

어느 날 어린 아들러는 끙끙 앓으며 쓰러집니다. 이날 아들러를 진찰하러 온 의사는 그의 부모에게 "의사로서 할 수 있는 것은 거의 다 했습니다. (아들러가 눈감을지도 모르니) 마음의 준비를 하시는 것이 좋겠습니다"라고 합니다.

아들러는 정신이 혼미한 와중에 이 이야기를 어렴풋이 듣게 됩니다. 그리고는 결심했습니다. 의사가 되어 환자들에게 삶에 대한 희망을 주겠다고 말입니다. 또한 자신은 죽음의 공포 앞에 있는 환자들에게 절대로 절망감을 주는 말은 하지 않겠다고 다짐합니다.

그의 다짐이 굳건해서였을까요. 의사의 예언과는 다르게 몸져누웠던 아들러는 차츰 건강을 회복합니다. 등산으로 서서히 체력을 다졌고 보통 사람들보다 건강 관리에 더 힘쓰면서 오히려 건강하게 살았습니다. 그리고 자신의 소망대로 결국 의사가 된 아들러는 절망에 빠진 사람들에게 용기와 격려를 해 주는 개인 심리학을 창시했습니다.

자신이 속한 환경에서 함께한 사람들과 어떻게 관계를 맺고 상호 작용을 했는지에 따라 자존감, 생활 방식, 대인 관계 패턴이 형성됩니다. 그래서 형제자매가 같은 환경에서 나고 자랐을지라도 성격이 다르고 삶의 모습이 다양합니다.

아들러는 어린 시절에 열등감이 생기는 요인을 크게 3가지로 구분했습니다.

첫 번째, 신체적인 결함이 있는 경우입니다.

선천적이든 후천적이든 신체적 결함은 열등감을 불러일으킵니다. 이런 경우에 아이들은 결함을 보완하기 위해 특별한 노력을 합니다. 예를 들어 시각 장애를 갖고 태어난 아이는 후각, 청각 등 다른 감각이 더 예민하게 발달합니다. 키가 작게 태어난 아이들은 운동을 열심히 해서 근육으로 몸집을 키우려고 하는 경향이 강합니다.

두 번째, 과잉보호하에 성장한 경우입니다.

이들은 성인이 돼서도 누군가가 자신을 돌봐 주길 끊임없이 열망합니다. 부모에 의한 의사 결정과 통제로 스스로 생각하고 행동하는 상황을 차단하는 동시에 스스로를 열등하다고 느낍니다. 이런 사고는 주체적이고 자의식을 갖춘 사람으로 성장하는 것을 방해합니다.

세 번째, 결핍이 과잉되며 성장한 경우입니다.

이들은 타인들에게 자신의 노력과 능력을 인정받지 못할 것을 두려워합니다. 부모로부터 거절당한 경험이 있거나 관심이 충분하지 않은 경우인데요. 이럴 경우 새로운 시도를 하는 것을 꺼립니다. 이들은 어릴 적 인정받지 못한 스스로를 자기의 정체성으로 인지합니다. '나는 부모가 나를 돌봐 주지 않아서 저렇게 부모로부터 다 받은 사람들보다는 부족해' 하면서 열등감에 자신의

무한한 가능성을 차단합니다. 스스로가 소속된 곳에서 적극적
참여와 기여를 하는 것도 포기합니다.

　그렇다면 열등감에 휩싸인 불안한 30대는 어떻게 지금의 상태
를 극복할 수 있을까요? 30대는 '독립을 시도하는 시기'로 이해하
는 게 좀 더 적절해 보입니다. 이 시기는 자아 정체감을 확립하
고 사회에서 자리매김하기 위해 한 걸음 나아가는 단계입니다.

　진짜 어른이 되기 위해서는 적극적으로 내가 처한 상황을 평가
하고 받아들여야 합니다. 이때는 자기 자신과의 대화가 절실한
시기입니다. '나는 늘 새로운 세계에 적응해 왔고, 다양한 시도를
통해서 관계를 맺는 나만의 노하우도 발전시켜 왔다'는 사실을
인정하면서 스스로를 칭찬해 줍시다. 일상에서 자신의 마음과
행동을 그대로 인정하는 '셀프 토크'를 해 보세요. 내가 나의 보
호자가 되어 아직 자라고 있는 나의 마음을 격려하고 지지하는
것입니다.

　스스로의 잘한 점, 부족한 점을 인정하고 난 뒤에는 인정의 범
위가 외부로 확장되면 더 좋습니다. 이제 사회에 첫발을 내미는
나에게 새로운 도전을 할 수 있도록 스스로 용기와 동기 부여를
해 주는 것입니다. 나에게 이렇게 말해 보세요.

"(이러이러한) 점은 참 잘했어. 그리고 (이러이러한) 부분은
다음엔 (이렇게) 개선하면 되지 뭐!"

인생을 시작하는 '나'는 내가 만들어 갈 수 있습니다. 이런 자
유가 있기에 앞으로가 희망찹니다.

———

산다는 것은 열등감을 느끼는 것이다.
그러므로 이 불완전함과 미숙함을 받아들일 때
자유로운 삶이 시작된다.

02

·

드러난 목표
이면의 목표를
알아차려라

우월감

"인간은 '나는 저곳에 가고 싶다'고 목표를 세우면 어느새 그 목표를 이루기 위해 생각과 행동을 구체화한다. 개인이 도달하고자 세운 목표 이면에는 궁극적으로 추구하는 목적이 있다. 안정, 안전, 인정, 행복, 평화 등 표면적인 상황은 그 상황 이면의 보이지 않으나 내포하고 있는 궁극적인 목표와 가치가 부합할 때 진정으로 동기 부여가 되고 힘으로 행동화하게 된다."

10여 년 전부터 이른바 '3포 세대'라는 말을 유행처럼 쓰고 있습니다. 연애, 결혼, 출산 이 3가지를 포기한 2030 세대를 이르는 말이죠. 인생에서 꼭 거쳐야 할 관문처럼 여겨지던 것들을 포기한다는 뜻입니다. 최근 몇 년 전부터는 아예 '이번 생은 망했다'의 줄임말인 '이생망'이라는 조어가 더 자주 들립니다. 청년들이 포기하는 것의 개수가 3가지를 넘어선 모양입니다.

'이생망'은 주로 자신의 처지를 스스로 비관할 때 자조적으로 쓰는 단어입니다. 그렇다면 무엇이 망한 것이고 무엇이 망하지 않은 것이죠? 망했다, 망하지 않았다를 구분하는 기준은 사람마다 천차만별입니다. 누군가는 토익 시험에서 980점을 받아도 '망했다'고 하소연하고, 누군가는 700섬만 넘어도 '성공했다'고 합니다. 사람마다 이렇게 성공과 실패의 기준이 다른 이유는 각자 추구하는 '이상적인 자기 모습'이 다르기 때문입니다.

이상적인 목표가
이상적인 자아를 만든다

그런데 사람들은 언제나 자신의 부족한 면에 집중합니다. 심지어 자신이 목표한 바를 이뤘을 때도 마찬가지입니다. '나는 부족하다'고 느끼며 끊임없이 더 나은 모습을 향해 움직이고 있습니다. 그래서 늘 좌절감을 느끼게 됩니다.

왜 사람들은 늘 자신의 부족한 면에만 집중하는 걸까요? 아들러에 따르면 우리가 늘 타인과 비교를 하기 때문입니다. 타인과 비교했을 때 모든 부분에서 절대적으로 우위를 점하려고 한다는 말입니다.

흔히 '전교 1등', '대기업 입사' 등 내가 타인보다 우월해지는 것에 초점을 맞춘 목표를 세울 때가 많습니다. 그럼 사람들은 어떤 분야든 그냥 '최고'이기만 하면 만족할까요?

아닙니다. 인간의 내면을 자세히 들여다보면 단순히 최고가 되고 싶은 게 아니라 스스로 생각하는 어떤 분야에서 최고가 되고 싶어 합니다. 특정한 부분이 특히 발달되기를 원하는데, 최고로 발달한 그 모습이 '이상적인 자아상'이며 그 모습에 가까워지고 싶어 하는 과정이 곧 정체성이 형성되는 과정입니다.

'나는 (이런) 사람이 돼야 한다'는 자기 이상이 모두 내면에 있습니다. 예를 들어 '최고의 강사', '최고의 작가', '최고의 부모' 등은 모두 자신들이 궁극적으로 추구하는 이미지입니다. 최고의 강사인 경우는 자기 내면에 최고의 강사상이 있습니다. 그리고 궁극적으로 이 목표를 위해 사고하고 행동하게 됩니다. 강의를 잘하기 위해 유명 강사의 강의도 많이 듣고 자신만의 콘텐츠를 위해 노력하며 차별화를 위해 책도 출간하는 것이죠.

이 경우는 자기가 원하는 자아상이 무엇인지를 잘 파악하고 자신의 정체성을 잘 개발하는 사례입니다. 하지만 많은 사람이 자신의 목표를 잘 모르고 의식하지 못합니다. 그래서 단순히 타인보다 우월한 모습에만 초점을 맞춰 목표를 세우고 의사 결정을 하게 됩니다.

상철 씨는 교외에 작은 집을 짓고 농사를 지으며 사는 게 꿈입니다. 하지만 현실은 도시의 30대 샐러리맨입니다. '그래도 내 집 마련은 해야 하지 않겠냐'는 아내의 성화에 부모님, 할아버지 할머니, 1금융권, 2금융권에까지 돈을 '영끌'해 집을 샀습니다.

그런데 이게 무슨 일이죠? 매달 월급의 절반을 집 살 때 받은 대출 이자를 갚으며 허덕이고 있는데 집값이 작년에 비해 3억 원이나 떨어진 금액으로 거래됐다는 소식이 왕왕 들립니다. 그런데 대출 이자는 2배로 뛰었네요. 내일부터 당장 배달 알바나 대리 기사라도 뛰어야 할 판입니다. 직장 동료가 자기와 비슷한 시기에 매입한 아파트는 떨어진 시세를 회복하고 신고가를 찍었다든데요.

다른 사람들은 다들 자기가 원하는 대로 사는 것 같은데 내 인생은 기대만큼 되지 않습니다. 오늘도 복권을 사면서 '내 삶은 왜 이런가' 하고 하늘을 원망합니다.

물질은 마음의 허기를
충족할 수 없다

아들러는 "인간의 정신세계 목표는 늘 우월한 방향으로 자신을 움직이게 한다"라고 했습니다. 인간을 이렇게 움직이게 만드는 동기가 궁극적으로 도달해야 할 목적이 있기 때문입니다. 이를 행동목적론이라고 합니다. 즉 원하는 자아상에 도달(동기)하고자 현재 자신의 모습을 부족하다고 느끼며 좀 더 나은 자신이 되기 위해 노력하는 것입니다. 물론 새로운 환경에 처했을 때는 미숙하기 때문에 불편함을 느끼기도 하죠. 하지만 역시 미숙한 상태를 벗어나 익숙하게 적응하려고 애를 씁니다.

이렇게 자신의 목표에 도달하기 위해 애를 쓰는 시기가 30대입니다. 문제는 30대 초반까지도 아직 자신이 원하는 자아상이 무엇인지 확실히 발견하지 못한 경우입니다. 이런 사람은 주변에 의해 흔들리기 쉽습니다. 타인의 시선에 민감하고 환경에 따라서 자신의 의견도 좌지우지되어 혼란스러워집니다.

자신이 동기 부여되며 진정으로 추구하는 삶의 목표가 아니라 남들이 추구하는 것들에 치중하다 보면 가치의 충돌이 일어납니다. 남들이 좇는 것을 내가 갖지 못했다는 불안감, 무엇이든 어서 이뤄야 한다는 성급함 때문에 쉽게 좌절합니다. 그럼 자신을 자책하며 세상을 탓합니다. 이때 '이생망'이라는 표현을 쓰겠죠?

이상과 현실 사이에서 괴롭다면
표면에 드러난 목표와 숨어 있는 목표를 점검해 보세요.

혹자는 어떤 상황에 적응하기 위해서는 물질적으로 안정돼야 하는 것 아니냐고도 반문할 수 있겠는데요. 물질적인 안정이 충족되더라도 심리적인 안정감이 드는 것은 아닙니다. 여전히 심리적 허기짐을 느끼고 더 높은 목표를 설정합니다.

30대는 남들이 좇는 목표를 따라서 좇기 이전에 자기의 정체성을 좀 더 굳건하게 다져야 하는 시기입니다. 자아상은 어린 시절부터 다양한 시도를 통해 형성되고, 발달 시기에 맞는 목표를 드러내면서 시행착오를 통해 좀 더 흔들리지 않도록 만들 수 있습니다. 20대와 30대는 흔들리고 좌절하고 실망하고 기뻐하다가 40대에는 나에 대한 이해와 정체감이 더 굳건해지고 정서적으로 안정되며 견고하게 자아상을 확립할 수 있습니다.

집을 산다고 해도 '최고가 돼야 한다'는 명확하지 않은 목적에 도달하지 못하면 심리적으로 불안함을 느끼고 또 다른 목표를 세워 달려가게 됩니다. 만약 강남에서 가장 비싼 34평 아파트 한 채를 샀다고 합시다. 몇 년 뒤 내 집보다 더 좋은 위치에 더 높은 금액의 새 아파트가 지어진다면 아마 이 사람은 새집을 사기 전까지 또 불안에 시달릴 것입니다.

왜 최고가 되고 싶은지 숨어 있는 나의 목적을 파악해야 합니다. 그 목적이 자신의 진정한 정체성과도 맥을 같이하는지, 단지 타인보다 우월한 힘을 갖고자 하는 욕구에서 오는 불안인지 확인해 봅시다. 표면적으로 드러난 목표 이면에는 도달하고자 하는 이상적인 자아상이 있기 마련입니다. 자기 안에 숨어 있는 다양한 목적을 이해할 때 스스로가 진짜 원하는 모습을 파악할 수 있고 후회 없는 선택을 할 수 있습니다.

나는 언제 안정적이라고 느낍니까? 그렇지 못할 때는 어떤 행동을 하게 됩니까? 30대는 자아상, 즉 궁극적으로 추구하는 이상화된 자기상에 대한 이해가 더 필요한 시기입니다.

———

우리는 주위 사람들의 이상적인 모습과 자신을 비교하며 목적을 찾는다.
자기 안에서 목적을 찾을 때 현실적인 목표를 세울 수 있다.

03

.

인정받고 싶은
마음이 클수록
더욱 치열해진다

인정 욕구

"자신이 남보다 더 낫다는 것을 입증하고 인정받으려고 애
쓰는 사람의 마음속에는 열등감이 들어 있다."

우리는 모두 손흥민이 되고 싶어 합니다. 이게 무슨 말이냐고
요? 조직 내에서 돋보이는 훌륭한 선수이면서도 자신의 자질을
발휘해 집단 전체에 도움이 돼서 팀원들에게도 인정을 받고 싶
어 한다는 의미입니다.

알버트 아인슈타인은 "사람의 가치는 그가 받을 수 있는 것이
아니라 그가 줄 수 있는 것에 있다"라고 했습니다. 사람들은 자

기가 이 사회 혹은 속한 조직에서 도움이 되는 존재일 때 가치가 있다고 느낍니다. 우리가 어떤 일로 성과를 내려고 하는 것은 이와 같은 이유입니다. 성과로 자기의 존재를 증명하려고 하는 겁니다.

한편 학창 시절에는 성적표가 나를 설명하는 도구라고 생각하고 어른이 돼서는 대학, 직장, 연봉 등이 나를 보여 주는 도구라고 생각합니다. 숫자나 명함으로 자신의 가치를 인정받고자 합니다.

아들러에 따르면 인간의 이런 심리는 남보다 우월해지고자 하는 은밀한 목표를 갖고 있는 동시에 타인과 협력하고 함께 잘살아 보려고 하는 공동체감도 갖고 태어났기 때문입니다. 그래서 인간은 우월감과 공동체감을 동시에 충족하기 위해 타인에게 인정을 받으려고 합니다. '어떤 대상보다 잘한다'는 평가를 받으면 그만큼 우월하다는 느낌과 자신이 꽤나 쓸모 있는 사람이 된 것 같다는 느낌을 받기 때문이죠.

하지만 다른 사람의 기대와 인정에 나를 맞춰 살다 보면 삶을 주체적으로 끌어가는 데 한계가 있습니다. 자신에 대한 타인의 인정을 최우선하며, 그렇지 못할 경우는 인정을 받는 데에 모든 에너지를 다 쏟고 집착하게 됩니다. 설령 누군가의 인정을 받더라도 나를 인정해 주지 않는 누군가가 떠올라 마음이 불편해집니다.

에릭슨이라는 발달 심리학자는 "20~30대는 성인 초기로서 가족 이외의 타인을 이해하고 수용하며 자신과의 차이점과 갈등을 극복해 친밀감을 형성하는 단계"라고 합니다. 자신에 대한 주체성을 갖추며 타인과 적절한 교류로 서로 친밀한 관계를 유지한다는 뜻이죠. 그러나 만약 그렇지 못한다면 인간관계에서 고립되고 자신에게만 집중하게 됩니다.

결정적인 순간에
주저하는 사람들의 비밀

명문대 졸업생 은하 씨. 은하 씨는 벌써 5번째 면접 탈락 문자를 받았습니다. 고등학교 시절 반에서 1등만 하던 은하 씨는 대학생이 돼서도 늘 학업에 성실하게 임해 좋은 학점을 받았습니다. 부모님은 언제나 은하 씨를 자랑스러워하고 주변 친구들도 은하 씨를 항상 대단하다고 생각했습니다. 그런데 어쩐지 취업의 문턱에서는 자꾸 고배를 마십니다. 은하 씨는 언젠가부터 서류 전형에 합격해 놓고도 면접을 보러 가지 않게 됐습니다.

은하 씨는 '불합격자'라는 꼬리표를 달기 싫어 아예 평가를 피하게 된 것입니다. 면접을 보지 않아 떨어진 사람이 실력을 평가받고 떨어진 사람보다는 낫다고 생각하기 때문이죠.

이를 자기방어라고 합니다. 인간은 여하한 순간에도 타인에 의해 자신이 열등하다고 평가받고 싶지 않으니까요. 아예 하지 않음으로써 자신이 열등하게 되는 순간을 차단하는 것입니다.

평가에 대한 두려움이 높은 사람은 자신의 실제 실력보다 스스로를 낮게 평가합니다. 자신에 대한 기준이 높고 타인에게 인정받고자 하는 욕구가 강하기 때문입니다. 이는 타인에게 인정과 긍정적인 평가를 받아야만 스스로가 존중되는 상태, 자존감이 낮은 상태로 이어집니다. 자신이 생각하는 자아상은 '명문 대학에 진학한 나'인데 현실은 재수생인 경우가 예시가 될 수 있겠네요.

이 때문에 대인 관계에서도 위축됩니다. 자신의 결점을 타인이 알아차릴까 봐 전전긍긍하기 때문입니다. 자신에 대해 부정적이어서 잘했다는 칭찬을 받을 때도 잘 수용이 되지 않으며 오히려 '이것밖에 못 했다'는 자괴감을 느끼기도 합니다. 혹은 '더 높은 기대에 맞춰야 한다'는 또 다른 두려움을 낳기도 합니다. 주변에서 자기에게 하는 평가에 예민해지고 쉽게 상처를 받기도 합니다.

자신을 부정적으로 평가하는 원인은 다양합니다. 우선 부모의 영향이 가장 큽니다. 부모가 혹독한 평가를 하는 방식으로 양육했다거나 지속적으로 타인과 비교해 수치심을 느끼게 하면 부정적 평가에 대해 두려워집니다. 또한 자신에 대해 부정적이며 부정적인 정서가 많습니다. 무엇을 해도 자신이 없고, 또 그런 자신을 자책하면서 스스로를 잘 받아들이지 못합니다. 그래서 남들이 자기를 부정적으로 평가하기 전에 자기 비하를 하게 되는 것이죠.

우리나라에서는 특히 비교를 하는 경우가 많죠. 부모님이 비교 대상으로 삼는 친구의 잘난 아들, 딸을 지칭하는 '엄친아(엄마 친구 아들)', '엄친딸(엄마 친구 딸)'이 신조어로 만들어졌을 정도니까요.

오늘은 팀에서 그동안에 각자 준비한 보고서를 발표하는 날입니다. 회의 시간이 되자 현우 씨는 다른 동료의 보고를 들으며 점점 불안해지고 손에 땀이 났습니다. 동료가 발표하는 소리는 들리지 않고, 모든 직원이 자신을 보는 듯 숨도 차 왔습니다.

'다음 차례인데 어쩌지? 저 친구는 별로 준비한 것 같지도 않았는데, 어쩜 저렇게 또박또박 자신의 의견을 잘 발표하지?'

다른 직원의 발표를 듣는 선임들도 흐뭇한 표정이었습니다. 현우 씨는 말할 때 우물거린다고 지적받은 기억, 중요하다고 강조할 부분을 놓치기도 한 기억들이 몰려왔습니다. 그저 '빨리 끝내야 한다'는 생각만 들었습니다. 현우 씨는 발표를 간신히 끝냈습니다. 무슨 말을 했는지조차 기억이 나지 않지만, 선임들은 '잘 준비했다'고 했습니다. 그러나 형식적인 말로 들렸고, 먼저 발표한 동료는 자신을 보고 웃는 것 같았습니다.

'좀 더 준비할걸.'
'다른 선임들에게 좀 물어볼걸.'
'발표 연습도 더 할걸.'

현우 씨는 온통 못하기만 한 자신이 바보 같아서 자리를 벗어나고 싶은 생각밖에 없었습니다.

다른 사람의 인정으로부터
자유로워지기

인간은 남들보다 더 나은 사람이 되고 싶은 우월감과 동시에 다른 사람과 더불어 잘 살고 싶어 하는 마음도 갖고 태어났습니다. 그래서 타인으로부터 인정받고 싶은 욕구도, 타인에 대한 신뢰, 공감, 배려도 인간의 자연스러운 본성입니다.

다만 자신의 가치를 타인의 기대에 맞춰 살다 보면 늘 비교하고 경쟁하는 삶을 살게 됩니다. 인정 욕구와 경쟁심이 맞물리면 불행해집니다. 언제나 인정받아야 하니 다른 사람들보다 높이 올라가기 위해 행동합니다. 또한 자신의 부족한 부분이 크게 보여 스스로 낮은 점수를 줍니다.

단순히 타인의 평가에 자신을 맡기지 마세요. 좀 더 나은 결과를 얻기 위해 노력하는 자신을 인정하고 드러난 결과에 치중하기보다 과정에도 초점을 두는 것이 무척 중요합니다. 자신에 대해 부정적인 사람은 타인에게도 낮은 평가를 줍니다. 자신이 부족하다고 느끼는 사람은 타인의 부족한 점도 더 들춰냅니다. 그러다 보면 인간관계에 어려움이 생깁니다. 타인의 눈치에도 민감해지며 위축되어 회피하는 행동을 하게 됩니다.

이것은 사실이 아니라 왜곡된 생각입니다. 이제 다른 방식이 필요합니다. 자신의 가치를 제대로 평가해 보세요. 지금까지 이뤄낸 일들은 남들보다 더 많은 시간을 투여해서 일군 나의 결실임을 스스로 알아주세요. 타인의 인정과 기대가 나를 통제하지 못하게 하세요. 내가 한 일, 나의 가치와 의미는 내가 인정하는 것입니다. 작은 것이라도 있는 그대로를 수용해 보세요. 우리는 어떤 이유가 있어서 소중한 것이 아닙니다. 이미 인생의 높고 낮은 산과 물을 넘어온 그 자체로 소중한 존재입니다.

이룬 것보다 이루지 못한 것에 더 초점을 맞추고, 타인만 의식한다면 늘 '나는 잘해야 인정받는다'는 조건화된 삶에서 벗어나지 못합니다. 타인을 의식하다 보면 오히려 더 실수하게 되고, 조그마한 일에도 민감해집니다. 그러나 자기 내면으로 방향을 돌리면, 내가 이룬 성공들이 꽤 많다는 것을 깨닫게 됩니다.

나는 나의 편인가요, 남의 편인가요? 대답은 여러분에게 달렸습니다.

———

끊임없이 시험대에 오르게 하는 인생에서
우리는 끊임없이 자기를 관철해야 한다.

04

·

몸과
마음이
기억한다

스트레스

"마음과 몸의 연결은 매우 중요하며, 특히 몸의 생리적 반응에 관심을 둬야 한다. 스트레스는 긴장을 통해 몸 전체에 전달되며, 자율 신경 계통과 내분비계의 다양한 작용을 통해 혈액 순환, 분비물, 근육의 긴장도 변화에서 거의 모든 기관의 변화에 영향을 준다. 즉 신체 기관의 열등은 심리적으로 연결돼 있다."

보영 씨는 스트레스를 받으면 지나치게 많이 먹습니다. 먹고 나서는 항상 후회합니다. 조금만 먹어도 살이 찌는 체질이라서 늘 다이어트를 하고 있는데 스트레스만 받았다 하면 식욕이 조절되지 않습니다. 그러다 보니 과식하게 되고, 빨리 먹을 수 있는 인스턴트 음식과 함께 탄산음료를 더 먹게 됩니다.

정말 배가 고픈지, 얼마나 먹어야 배가 부르는지와는 상관없이 배를 채우다 보면 잠시 허기가 채워지는 것 같다가도 조금 지나면 다시 허전합니다. 이렇게 스트레스를 해소하는 것이 건강한 방법은 아닌 듯하지만 잘 참다가도 또 폭식을 하고 맙니다. 늘 다이어트를 한다고 해도 한 번에 와르르 무너지는 자신을 봅니다. 보영 씨는 스트레스에 무너져 버리는 자신이 참 한심합니다.

한 연구 조사 기관에서 20~30대 1,000명을 대상으로 조사한 데이터에 의하면, 30대는 다른 연령층보다 더 높은 스트레스를 느낍니다. 이 결과는 30대의 삶이 녹록지 않은 것을 의미합니다.

스트레스의 가장 큰 원인은 경제적 어려움이었으며, 직장 생활도 많습니다. 이 밖에도 미래에 대한 불안감, 건강, 가족 관계, 개인 시간 부족, 환경 요인, 인간관계, 사회·정치 문제, 결혼, 취업, 출산 압박 등 사회적 기대가 있습니다. 이런 요인들은 100년 전 아들러가 지적한 '열등한 경제적 환경'과 '과도한 스트레스로 취약한 신체 기관'으로 인한 문제들과도 맥을 같이합니다.

최근에는 스트레스 정도와 수준이 더 높아졌다고 보는 시각도 10명 중 8명이라고 하는데요. 스트레스를 해소하기 위한 자신만의 방법으로 '온전히 나만을 위한 시간을 갖는 것이 중요하다'고 응답한 사람이 76.5%로 가장 많았습니다. 이 밖에 잠자기, 영화·드라마 감상하기, 맛있는 음식 먹기, 산책하기, 운동하기, 음주, 취미 생활하기, 친구 만나기, 게임하기, 멍때리기, 쇼핑하기 등으로 응답했습니다.

이 데이터로 볼 때 요즘 젊은 층은 일상에서 스트레스를 자주, 많이 느끼지만 제대로 해소를 못 하는 것 같습니다. 스트레스는 심리, 신체, 사회 전방위에 영향을 줍니다. 특히 심리적인 면에서는 부정적 정서를 유발해 늘 불안, 우울 등을 느끼게 함으로써 일상생활에 지장을 줍니다. 심지어는 호르몬과 신경 전달 물질로 인한 심장 혈관계 질환 및 암 같은 치명적인 질병도 유발합니다. '스트레스가 만병의 원인'이라는 말이 여기서 나오는 것입니다. 그러므로 스트레스에 대해 제대로 이해하고 관리해야 합니다.

인정받고 싶은 강박이 주는 스트레스

평상시와 달리 수면의 질이 떨어지거나, 만성적인 피로감을 느낀다든가, 의욕이 저하되고, 무기력감이 증가하며, 뒷목이 당기는 등 통증을 느끼고, 잠만 자고 싶어질 때가 있습니다. 이런 증상은 우리가 스트레스를 받을 때 나타나는 모습인데요.

스트레스는 내 몸을 보호하기 위한 일종의 경고 메시지입니다. '내·외부 자극으로 몸의 균형이 깨져서 에너지를 모아야 하니 긴장하시오'라는 경고를 보내는 겁니다. 그래서 우리는 이를 알아차리고 대처해야 합니다. 하지만 현대인들은 스트레스를 해소하기가 무섭게 바로 또 다른 스트레스로 고통받습니다. 만성적으로 고통받는 셈이죠.

물론 스트레스가 나타나는 모습에는 개인차가 있습니다. 사람에 따라 더 예민하고 까다롭게 반응하기도 하고, 욱하거나 화를 자주 낼 수도 있습니다. 반대로 스트레스를 스트레스로 받아들이지 않을 정도로 무딘 사람도 있습니다.

스트레스를 받는 원인도 다양합니다. 크게 외부적 요인과 내부적 요인이 있는데요. 외부 요인으로는 물리적 요인(소음, 빛, 한정된 공간 등), 사회적 요인(규칙, 분위기, 제도 등), 생활 사건(이별, 실직, 출산, 사별 등)이 있습니다. 내부 요인으로는 생물학적 요인(가족력, 신체적 장애, 질병 및 질환 등), 생활 방식(수면 부족, 과로, 카페인 과다 섭취 등), 심리·정서적 요인(긴장, 불안, 두려움 등), 개인 특성(완벽증, 강박적, 낮은 자존감, 높은 목표 등) 및 대인 관계 등이 있습니다.

이 중에서도 심리·정서적 요인이나 개인의 성격적 요인이 스트레스의 큰 비중을 차지하는 경우가 많습니다. 이런 생각을 하기 때문입니다.

'나는 완벽해야 해. 실수는 곧 실패다.'
'모든 사람에게 사랑받아야 해.'
'거부당하면 안 돼. 그럼 난 사랑받을 수 없는 인간이야.'

직장에서의 관계, 연애, 취업, 미래에 대한 준비 등에서 인생이 이런 강박대로 되지 않을 때 스트레스가 발생하는 것입니다.

예를 들면 '나는 거절당하지 않게 남의 기대에 맞춰야 한다'고 생각하는 사람은 늘 타인의 눈치와 기대에 자신을 맞추려고 합니다. 직장인의 경우 사람들의 요구에 자신의 주장을 하지 못하고, 그들의 일까지도 자신의 것으로 가져와서 스트레스를 받으며 일합니다. 불안하고 초조하며 혹시 '일을 잘못하고 있나' 하며 자신을 옥죄면서 일을 마칩니다. 이런 사람들은 타인의 부탁을 들어주지 못할 경우, 스스로를 '쓸모없는 사람', '인정받지 못할 사람'으로 여기거나 조직에서 또는 관계에서 '내쳐질 수 있다'는 두려움을 갖습니다. 이렇게 부정적인 신념을 지니고 있으면, 늘 스트레스가 따라다닐 것입니다.

'완벽해야 해. 인정받아야 하니까.'
'잘해 줘야 해. 사랑받아야 하니까.'
'맞춰 줘야 해. 거절당하면 안 되니까.'

나를 아프게 하는 건 어쩌면 나였을지도 모릅니다.

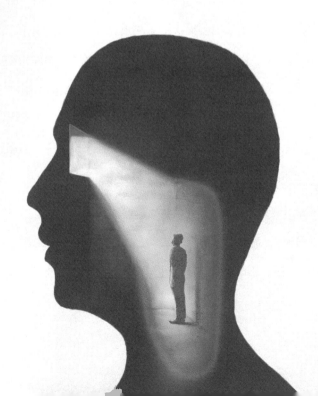

스트레스와
나를 분리하기

게다가 직장에서 받은 스트레스가 퇴근 후에 사라지는 것이 아닙니다. 왜냐하면 우리 몸 안에서 스트레스가 내 마음에 자리를 잡고 저장되기 때문입니다. 우리 몸이 기억하는 것입니다.

스트레스는 신체적 반응을 수반합니다. 배가 아프고, 설사나 변비에 시달리고, 소화가 되지 않고, 목이 뻣뻣하고, 머리가 멍해지고, 어떤 사고도 할 수 없게 됩니다. 스트레스의 정도에 따라 몸과 마음이 전반적으로 영향을 받습니다.

심한 스트레스를 받으면 실제 질병에 걸릴 수 있습니다. 자율신경계를 자극하고 스트레스 호르몬인 코르티솔이 많이 분비됩니다. 그럼 혈관 기능을 방해해 동맥에 플라크를 축적하고 혈압을 높입니다. 비만이 되기도 쉽습니다. 우리 몸이 외부의 위협에 대항하기 위해서 혈압과 포도당 수치를 높이기 때문이죠.

기억을 형성하고 저장하는 데 중요한 역할을 하는 뇌의 해마를 수축시켜 알츠하이머병에 걸릴 위험도 커집니다. 실제 캐나다 맥길대학교 연구진에 의하면 체내 코르티솔 수치가 높은 사람은 해마 용적이 14% 감소했습니다.

이 밖에도 심박수를 늘려 심장이 빨리 뛰게 하는 아드레날린도 많이 분비됩니다. 가슴이 두근두근하고 답답하고 숨이 가쁜 이

유인데요. 숨쉬기가 불편한 심장 계통의 질환에 걸릴 수도 있습니다.

일시적으로 어려움을 잊거나 회피하기 위한 방법으로 알코올을 과다 섭취하는 경우가 있습니다. 그러나 이 방법은 무력감과 피로감을 더 쌓이게 해서 다시 술을 찾게 만드는 부정적인 사이클을 만들기도 합니다. 스트레스를 받아 알코올 중독에 걸리는 것은 쉽사리 볼 수 있는 현상이죠.

인간은 끊임없이 새로운 자극을 추구하는 존재라 스트레스를 받을 수밖에 없습니다. 예를 들어 어떤 결과물을 만들어 낼 때 그 과정에서 스트레스를 받습니다. 하지만 그때 우리의 창의력과 생산성이 향상되고 삶의 만족도 수반합니다. 즉 스트레스를 받는 것은 살아 있다는 증거입니다.

정신은 늘 지금의 열등한 자신으로부터 우월해지려고 합니다. 그러므로 정신세계만 쫓아가다 보면 몸에 무리가 따릅니다. 실수하지 않으려고 하고, 완벽하게 하려고 하다 보면 늘 무리할 수밖에 없습니다. 결국 우리에게 필요한 것은 스트레스에 잘 대처하는 방법을 익히는 것입니다. 끊임없이 내 몸의 상태를 알아차리고 스트레스를 각성하는 것이 중요합니다. 그럼 스트레스가 우리의 정신을 건강하게 하는 데 꼭 필요한 자극으로 바뀔 것입니다.

우선 생리적 관점에서 내 몸을 확인한 후 심리적 요인으로 인한 불안, 두려움 등의 정서적 반응을 살펴보세요. 그리고 스트레스를 받을 때 어떻게 행동하는지도 관찰해 보세요. 요지는 스트레스와 나를 동일시하지 않는 것입니다. 대부분은 스트레스와 나를 하나로 보고 '나는 스트레스 받는 사람'이라고 스트레스가 나의 전부인 것처럼 생각합니다. 나와 스트레스를 분리하는 훈련을 해야 합니다.

자신을 '스트레스를 경험하는 사람'으로 객관화해서 보세요. '스트레스에 빠진 나'에서 '스트레스'와 '나'를 각각 분리해 보는 것입니다. 그럼 스트레스가 왜 나타났는지 근본 이유를 관찰할 수 있습니다. 이렇게 해 보세요. 나의 중심이 흔들리지 않습니다.

"나는 스트레스를 경험했을 뿐이다."
"나는 이 일에 스트레스를 느끼는 사람이다."

"나는 스트레스 받는 사람이다"와 분명 차이가 있습니다.

스트레스를 유발하는 요인이 부담스러우면 아예 회피하고 차단하는 방법도 있습니다. 그런데 이때 해야 할 것을 미루거나 하지 않으면서 생기는 불안이 있으니 주의하세요. 우리 몸은 살기 위해 스트레스 요인으로부터 차단하고 도피합니다. 하지만 힘이 조금 회복이 된다면 스트레스 유발 요인을 직접 해결할 수도 있게 됩니다.

———

나는 나를 지켜야 할 책임이 있다.
그러므로 자기 자신을 더 많은 걱정과 사랑으로 보살펴야 한다.

05

·

모든
감정은
목적이 있다

감정 다스리기

"감정은 한정된 시간에 작동하는 심리적 활동이다. 억압된 의식적, 무의식적 욕구가 갑자기 방출될 때 나타나며 성격처럼 분명한 목표와 방향성이 있다. 감정은 어떤 의미가 있을 때 나타나고 삶의 방식이나 행동 패턴에 상응한다."

아들러는 감정이 발생하는 것, 표출하는 것에는 모두 목적이 있다고 봤습니다. 예를 들어 또래 혹은 형제자매와 싸웠을 때 아이가 우는 것은 경쟁에서 이기려는 목적이 숨어 있다고 볼 수 있습니다. 힘으로 대항할 수 없기 때문에 주위의 힘 있는 사람들의 도움을 받아 이기려 한다는 것입니다.

사람들은 감정에 목적이 있다고 생각하지 못합니다. 일반적으로 감정은 단순히 외부의 자극에 대한 반응이라 이해합니다. 하지만 감정은 우리 자신의 선택과 결정에 의해 내부에서 자라나 외부로 확장되는 개념입니다.

감정 뒤에 숨어 있는 나의 진짜 욕구

다음의 감정들을 살펴보고 각 감정이 어떤 목적을 갖고 표출되는지 살펴봅시다.

• 죄책감

죄책감을 느끼는 사람은 자세히 살펴보면 자기중심적인 심리가 있습니다. 죄책감은 자신의 잘못으로 타인에게 손해를 끼친 것에 대한 미안함인 줄 알았는데 자기중심적이라니, 이게 무슨 말일까요? 죄책감은 개인의 도덕적인 관념에 의해 비롯된 것이긴 합니다. 하지만 죄책감을 느끼는 사람의 관심사는 아이러니하게도 '잘못을 저지른 자기 자신'입니다. 양심의 가책을 느낄 때 자신이 얼마나 큰 잘못을 저질렀고 이로 인해 얼마나 나쁜 사람이 됐는지를 생각합니다. 그리고 어떻게 죄책감을 떨쳐 내고 자유로워질지를 생각합니다. 타인의 안녕과 보편적인 행복에 관한 관심과는 거리가 멉니다.

죄책감은 현재의 잘못을 정당화하는 것이 목적일 수 있습니다. 아들러는 죄책감은 책임을 면하기 위한 하나의 변명이 될 수 있다고 했습니다.

• 분노

분노는 누군가에게 겁을 주고 이득을 취하는 데 목적이 있습니다. 그래서 화를 내는 것은 대상을 힘으로 제어하고자 하는 권력욕, 지배욕 등의 욕구를 표출하는 것이라 볼 수 있습니다. 곤란한 상황에 부닥쳤을 때 화를 내서 다시 인정받거나 자기의 권위를 찾기 위함입니다. 즉 자신의 열등함을 극복하고 인정 욕구를 충족하는 것입니다.

• 억울함과 원한

자신이 무시당하거나 모멸감을 경험할 때 억울함을 느낍니다. 이것은 '나를 존중해 달라' 또는 '억울하니 나에게도 동등한 권리를 달라'는 행동으로 표출됩니다. 상대방에게 수용과 이해를 받고 싶어 하며, 상대방의 변화를 바라는 강력한 욕구가 억울한 감정의 목적이 됩니다. 억울함은 원한으로 표출되기도 합니다.

'너를 가만두지 않겠어.'
'받은 만큼 돌려주겠어.'
'나도 대우받을 가치가 있어.'
'내 잘못이 아니야.'

타인에 대한 원한과 적개심은 나에게도 한을 낳습니다. 타인에게 화를 낸다는 것은 나의 몸과 마음도 그만큼 상처받는다는 것입니다. 상처가 심한 나를 누가 안아 줄까요? 상대방이 나에게 사과한다면 원한이 수그러질까요?

화가 화를 부릅니다. 나의 건강을 해치고, 더 큰 화로 나뿐 아니라 주위 사람들에게도 영향을 미칩니다. 그렇기 때문에 화내는 나와 화해가 필요합니다. 용서를 못 해서 화를 내고 내 몸까지 망치는 나를 용서하는 것입니다. 그것은 나만이 할 수 있습니다. 우선 나를 위해서 내가 할 수 있는 일에 더 집중해 보세요. 화가 잔뜩 난 나에게 위로의 말을 건네 보세요. 화와 나 사이에 거리를 두고 화가 나를 덮치지 않도록 하세요.

이렇듯 감정에 목적이 있다는 것을 알면 감정을 다스릴 수도 있습니다.

생각이 감정을 바꾸고
감정이 상황을 바꾼다

내 몸 어디에서 감정에 대한 반응이 나타나는지를 살펴보세요. 감정은 신체적 반응을 수반합니다. 맥박이 빨라져 가슴이 두근거리거나 호흡이 바뀔 수 있습니다. 어느 감각이 가장 많이 활성화되나요? 그런 느낌을 언제부터 받았나요?

우리가 부정적 감정을 표출하는 이유는 무의식에 자리 잡고 있는 과거 경험을 부정적으로 해석하는 경향이 있기 때문입니다. 그래서 자꾸 무의식 속에 있는 감정들을 꺼내 현재의 관점으로 봐야 합니다. 예컨대 어떤 잘못을 하고 죄책감을 느낄 경우에는 어떻게 해야 할까요? 어차피 과거는 바뀌지 않습니다. 잘못을 인정하고 반성한 뒤 발전을 위해 노력해야 합니다.

다만 그 감정을 억누를 필요는 없습니다. 일단 감정을 쏟아 내고 그 감정이 왜 그토록 강하게 분출되는지를 파악하는 것이 그다음 단계입니다. 이때 감정이 편안해집니다. 더 화를 내는 것도, 또 화를 내지 않는 것도 모두 자신의 감정을 다스리는 방법이며, 상대방과의 관계를 나아지게 하는 데 도움이 됩니다.

만약 어릴 때 화나는 감정을 느꼈더라면 화를 표현하는 목소리는 매우 작았을 것입니다. 현재 화가 났다면 어땠을지 화를 담아

소리를 크게 질러 봅시다. 이것을 휴대폰에 녹음해 봅시다. 그리고 1주 뒤에 다시 어릴 때 화가 났던 장면을 상상해 그때의 감정을 생각하며 소리를 질러 봅시다. 그리고 현재의 감정에 기반해 소리를 질러 봅시다. 이 과정을 3주 정도 반복해 보세요. 지금의 화는 무척 편안한 목소리로 바뀌는 것을 알 수 있습니다.

그리고 지금의 감정에 이름을 붙여 보세요. 늘 나의 감정을 인식하고 그 감정의 목적을 살펴보는 행동은 감정을 순화하는 데 도움이 됩니다. 어떤 감정을 느꼈을 때 그 감정을 느끼는 이유가 무엇인지를 파악하고 글로 표현하는 훈련을 해 봅시다.

부정적인 경험의 감정을 느껴 봅니다. 예를 들어 친구가 나와 가까운 사람을 평가하는 상황을 겪고 기분이 나빴다면 이렇게 글로 써 볼 수 있습니다.

'나는 희영이가 내 남자 친구의 직업을 무시하는 발언을 해서 같이 무시해 주고 싶은 마음이 들었다.'

반대로 긍정적 경험의 감정도 느껴 봅니다.

'나는 어제 회사에서 상사에게 혼나 힘들었지만 남자 친구에게 위로와 격려, 지지를 받아서 금세 행복해졌다.'

긍정적, 부정적 감정을 함께 느끼는 훈련을 해 보세요. 좋은 경험에 대한 감정과 반대로 부정적 경험에 대한 감정을 느껴 봅니다. 이것의 순서를 바꿔 가며 천천히 합니다. 생각에 따라 감정이 변화한다는 것을 깨닫게 됩니다. 순간적으로 부정적인 정서를 느꼈을지라도 생각을 바꾸면 감정도 금세 바뀔 수 있습니다.

감정은 나의 목적을 달성하고, 관철하기 위해 쓰는 도구입니다. 그래서 감정이 의도하는 목적과 의미를 잘 이해한다면 나를 고통으로 빠뜨리던 부정적인 감정에서 빠져나올 수 있습니다.

———

내가 자주 느끼는 감정이 내 인생이 어떤지를 대변한다.
'지금 나의 감정은 어떤가?'
'지금 나의 인생은 어떤가?'
감정을 다스리면 인생을 다스릴 수 있다.

06

모든
감정은
상대적이다

감정 표현

"안정을 추구하고 힘을 가지려는 성향이 과해지면 용기는 무례함으로 순종은 비굴함으로 변할 수 있으며, 친절함은 세상을 지배하려는 미묘한 계략이 될 수도 있다. 모든 감정은 속한 환경의 최종 목적에 따라 그 표정을 계속해서 바꾼다."

우리의 감정은 우리가 어떤 존재인지를 설명합니다. 내가 만족하는지 아닌지 등 자기 상태를 알려 주는 바로미터 역할을 합니다. 예를 들어 세상의 모습이 자신이 '원래 그래야 한다' 또는 '적어도 우리가 그래야 한다'고 생각하는 모습과 같을 때 우리는 행복한 감정을 느낍니다. 감정은 우리가 옳다는 것을 입증해 줍니다.

감정이 일어날 때는 어떤 목적이 있습니다. 부정적인 감정은 '당신에게 어떤 문제가 발생했습니다' 하고 알려 주는 경고등입니다. 감정 때문에 움직이기도 하니까요. 감정의 목적을 잘 알아차리고 반응하도록 합시다.

때로 감정은 목적(의도) 그대로 나타나지 않기도 합니다. 긍정적인 의도가 부정적인 감정으로 나타나기도 합니다. 이는 양육자로부터 감정을 표현하는 방법을 왜곡해 배웠기 때문입니다.

예를 들어 만약 부모가 매를 들고 처벌하면서 '사랑하기 때문에 때리는 것'이라고 표현했을 때 자녀는 어떻게 느낄까요? 부모가 자기를 사랑한다기보다는 처벌한다고 생각하고 적개심(화)을 품게 됩니다. 또 자녀는 화와 슬픔이 타인을 통제하는 수단이라고 배우게 됩니다.

그래서 부모로부터 긍정적인 감정을 긍정적으로 표현하는 법, 부정적인 감정을 부정적으로 표현하는 법을 배우는 것이 중요합니다. 그렇다면 우리는 감정을 어떻게 다뤄야 할까요? 행동을 추동하는 감정, 에너지가 강한 감정인 화를 다스리는 방법을 통해 감정을 다루는 방법을 알아보겠습니다.

감정을 성숙하게
표현하는 방법

① 감정 마주하기

일단 내 안의 화를 만나야 합니다. 화를 유발하는 요인을 잘 살펴보세요. 화가 어떤 목적을 달성하기 위해 나타났는지를요. 화는 인정받지 못해 수치스러워 '날 좀 인정해 달라'고 나타나는 것일 수도 있고요. 차별받은 것에 대한 억울함이 드러난 것일 수도 있습니다. 이때 화는 '날 차별하지 마' 하고 목소리를 내는 것이 목적이겠죠.

화를 직면하는 것은 나를 억압하는 두려움의 대상과 직면하는 것이라 조금 어려운 일일 수도 있습니다. 하지만 화를 삭여 버린다면, 그 화가 내부에서 요동쳐 정신 건강을 해칩니다.

② 감정과 나 분리하기

화를 직면했다면 그다음 단계는 화를 흘려보내는 것입니다. 나와 감정을 분리하는 것이죠. 다음의 방법을 따라 해 보세요. 실제로 화를 형상화해 흘려보내는 장면을 상상해 보는 겁니다.

강가에 서 있는 나의 모습을 상상해 봅시다.

'나는 강가의 나무에서 나뭇잎을 하나 땄습니다. 나뭇잎 위에 내가 느낀 억울함을 올려놓았습니다. 억울함이 나뭇잎 위에 있습니다. 나는 강가로 가서 나뭇잎을 물에 띄워 보내려고 합니다. 나뭇잎은 강물을 따라 흘러갑니다. 나는 강가에서 멀어져 가는 나뭇잎을 바라보고 있습니다. 나뭇잎 위에 있는 억울함도 함께 멀어져 가고 있습니다.'

위의 문장을 휴대폰에 녹음해 보세요. 그리고 눈을 감고 녹음된 이 문장을 들어 봅니다. '화'라는 감정을 시각적으로 형상화하고 청각화해 바깥으로 표출하면서 감정을 나로부터 분리할 수 있습니다. 나를 압도한 감정이 곧 나의 전부같이 느껴졌으나 분리하는 순간 아니라고 인지하게 되는 것입니다.

③ 감정에 대한 인식 바꾸기

감정을 분리하는 방법 외에도 감정을 유발한 요인에 대해 재평가하는 '대안적 사고'를 개발하는 것이 감정을 다스리는 방법이 될 수 있습니다. 내가 화를 만들어 낸 대상에 대해 어떻게 생각하고 평가하는지에 따라 감정도 달라집니다. 다양하게 생각해 봄으로써 변화하는 감정을 살펴보세요. 다음의 예시를 이용하면 생각에 따라 감정이 변화하는 것을 훈련할 수 있습니다.

• 일시

1월 6일 오후 2시.

• 상황

동료들 앞에서 제안서 초안을 발표했다. 동료들의 반응이 잠잠했고 팀장이 잠시 후에 수정할 내용을 말했다.

• 생각

내용이 허술해서 아무도 피드백하지 않는 거야. 내가 실수한 거야. 팀장님도 수정할 내용만 말하잖아.

→ 감정(1~10점): 수치심/불안(9점)

• 대안적 생각

동료들은 내 발표에 피드백하기가 부담스러운거야. 팀장님은 원래 내성적이어서 간단명료하게 말씀하셔.

→ 긴장감(4점)

우리는 어릴 때부터 습관화된 방법으로 사고합니다. 이를 경로 의존성이 강하다고도 하죠. 어떤 대상을 삐딱한 시선으로 보던 사람은 늘 부정적인 면만 찾게 됩니다.

하지만 예시처럼 늘 하던 사고 습관을 버리고 다른 관점에서 생각할 수 있도록 훈련해 봅시다. 이 방법은 나의 사고 습관을 교정하는 훈련입니다. 심리 치료 할 때 많이 사용하는 방법으로, 인지 행동 치료라고 합니다.

생각에 따라서 감정은 늘 변화할 수 있습니다. 우리 안에는 다양한 감정이 있으므로 어떤 상황인가 또 어떤 생각을 갖는가에 따라서 감정도 변화합니다. 특히 부정적인 감정으로 곤란함을 겪는 분에겐 무척 좋은 훈련입니다.

④ 화난 이유를 규명하기, 화를 내면서 감정 해소하기

요동치는 감정을 붙잡고 감정을 인식한 뒤 감정의 원인을 규명해 보는 것입니다. 우선 내재돼 있던 감정을 다 쏟아 내야 합니다. 혼자서 조용한 곳에 앉아서 소리를 질러 보세요. 상대방에게 하고 싶은 이야기를 크게 소리 내서 해 보는 것입니다. 그래서 화나게 하는 대상에게 하고 싶은 말들이 내 안에서 밖으로 나오도록 해야 합니다.

나와 이런 이야기를 주고받을 수 있는 친구가 4명 정도가 있다면 바람직합니다. 친구들에게 사소하게 화가 난 일들도 말하면서 위로를 받아 보세요. 이때 화난 상황만 말하지 말고, 화의 의미, 즉 화가 나타난 이유, 목적 등에 대해 이야기를 나눠 봅니다.

마음에도 길이 있습니다.
길을 잘 찾아가려면 지도를 잘 봐야 하듯이
마음을 잘 다스리려면 내 마음을 잘 들여다봐야 합니다.

예를 들어 '나는 (어떠어떠한 감정)을 느낍니다. 왜냐하면 (어떠어떠한) 이유 때문입니다' 하고 말이죠. 예컨대 '나는 화가 납니다. 왜냐하면 오늘 열심히 해낸 프로젝트를 상사가 인정하지 않았기 때문이죠'라며 감정을 표현해 봅니다.

인정에 대한 것, 무시당한 것, 가치가 없다고 느낀 것 등등을 나눠 보세요. 단순히 화난 경험을 나누는 것이 아니라 경험이 주는 깨달음을 나눌 때 치유 효과가 있습니다. 상처 그 자체는 이미 지나간 일입니다. 그러나 상처로 인한 경험이 지금도 상처가 돼서 화나게 합니다.

⑤ 화를 유발한 대상에게 직접 화내기

그래도 해소되지 않는다고요? 그렇다면 화나게 하는 대상에게 직접 화를 표현하는 것이 방법입니다. 사이코 드라마의 창시자인 모레노는 감정은 감정을 유발하게 한 대상에게 표출해야 해소된다고 했습니다.

'고백 공격'이라는 말이 있죠. 짝사랑하는 상대방은 자신의 사랑을 받아 줄 의지가 없다는 사실을 알지만, 짝사랑하는 주체는 흘러넘치는 자신의 마음을 주체하지 못해 표현하고야 마는 행동을 이르는 말인데요. 고백받은 입장에서는 상대를 거절해야 하는 부담을 느끼기 때문에 고백한 상대방이 이기적이라는 생각을 하게 됩니다. 하지만 정작 고백한 사람은 마음이 홀가분해지죠. 이처럼 감정을 유발한 대상에게 자신의 감정을 표현하면 감정이 해소될 수 있습니다.

다만 '너와 나 대화법'으로 해야 합니다. 상대방의 감정을 읽어주고, 나의 감정도 말하는 것입니다. 예를 들면 어머니께서 바쁜 일이 있는 내게 갑자기 심부름을 시킨 경우를 가정해 봅시다. 언니는 휴대 전화로 유튜브를 보면서 누워 있는데 항상 만만한 나에게만 심부름을 시킨다는 생각에 짜증이 납니다. 하지만 참았습니다. 하던 일을 멈추고 어머니의 심부름을 다녀왔습니다.

나는 이럴 때 존중받지 못한다는 마음이 들기도 하고, 다른 형제들에게는 왜 시키지 않느냐는 생각에 억울해지기도 합니다. 이때 어머니에게 마음을 전달하는 '너와 나 대화법'은 다음과 같습니다.

"엄마, 요리하는데 빠진 재료가 있어서 당황하셨나 봐요. (너의 감정) 그래서 저에게 일을 시키셨나 봐요. 그런데 제가 하는 일이 있는데 저에게만 시키시니 좀 당황스러워요. (나의 감정)"

이렇게 말하기까지 생각보다 오랜 시간이 걸릴 수도 있습니다. 그럴 때 휴대폰에 녹음하는 방법을 사용하는 것도 좋습니다.

상대방에게 나의 의사를 표현하는 대화를 훈련하세요. 훈련을 자주 하다 보면 상대방을 보고도 말할 수가 있습니다.

우리는 다양한 감정을 느낍니다. 특히 슬픔, 두려움, 수치심, 억울함, 불안 등 자주 압도돼 있는 감정을 느낍니다. 그 감정에 내가 압도되어 휘둘리지 않도록 해 봅시다.

감정은 자신의 열등감을 극복하고자 하는 욕구가 나타난다는 점을 이해하세요. 감정적인 자기 모습을 표출하는 것이 아니라 감정을 전달하면서 편해지시길 바랍니다.

———

감정을 잘 전달하는 것은 내가 더 잘 사는 방법이다.

2장
·

나의
불안은
언제
시작
됐을까

—

아들러의
기억 저장소

**ALFRED
ADLER**

07

·

우연한
기억은
없다

초기 기억

"심리적 표현 중에서 가장 많이 드러나는 것은 개인의 기억이다. 기억은 우리가 갖고 있는 한계, 강점과 상황의 의미를 상기시킨다. 기억은 내 인생의 이야기를 나타내며 나에게 경고하기 위해, 그리고 이미 시험 된 행동 양식으로 미래를 맞이할 수 있도록 과거의 경험으로 나를 준비시키기 위해 나에게 반복하는 이야기다."

한국에서 태어난 장녀, 'K-장녀'의 특징에 대해 들어 보셨나요?

'대부분 양보를 잘한다.'

'무슨 일을 하든 1인분은 하는 편이다.'

'엄마에게 이해받고 싶어 한다.'

K-장녀들은 서로를 알아보는 레이더망도 보유하고 있다고 합니다. 어쩌다 K-장녀는 대명사로까지 만들어져 공감을 얻었을까요? 아마도 이들이 겪은 초기 기억 때문일 가능성이 높습니다.

첫 아이가 가장 많이 기억하는 초기 기억은 둘째가 탄생했을 때입니다. 첫째는 이날 오랜만에 엄마도 보고 새로 태어난 동생도 보려고 병원에 가게 됩니다. 엄마를 보고 반가운 마음에 안기려고 했으나 엄마는 아이를 안고 있어 첫째를 밀어냅니다.

이것이 첫째 아이들이 자주 말하는 초기 기억인데, 이 기억에 통상 두려움을 느낀다고 했습니다. 엄마가 자신을 내민 것 같고 버린 것 같은 불안으로요. 엄마에게 또 한 번 밀려나지 않기 위해서 첫째는 둘째보다 좀 더 나은 면을 갖추려고 합니다. 혼자서도 일을 척척 해내고 '착한 아이'로 인정받기 위해 양보도 잘하는 것이죠.

장녀가 차녀, 차남이 태어난 뒤 엄마의 우선순위에서 내밀리면서 '타인은 나를 거부한다'는 타인에 대한 관점을, '세상(삶)은 외롭고 소외된 곳이다. 그러므로 나는 더 열심히 살아야 한다'는 생애 전반에 대한 핵심 신념을 형성한다고 볼 수 있습니다.

사실의 힘보다
해석의 힘이 더 강하다

초기 기억은 한 사람의 평생 성격과 목표를 결정한다는 점에서 의미가 큽니다. 초기 기억이란 자신의 힘으로 주변에서 일어난 일들을 기억하고, 그 기억을 자신의 이야기로 해석할 수 있는 시기인 8세 이전의 여러 가지 경험을 말합니다. 성인은 특정 기억을 회상할 때 초기 기억으로부터 영향을 받아 기억을 해석합니다. 해당 기억으로 성장과 발전, 인생관이 좌우되기도 합니다. 그래서 초기 기억은 개인의 생활 양식을 파악하는 데도 중요한 요소입니다.

초기 기억을 회상하면 현재 자기 삶의 다양한 요소를 발견할 수 있어 자신을 이해하는 데 도움이 됩니다. 성격, 관계, 감정, 방어 기제, 보호 기제, 진로, 강점, 자신에 대한 관점, 타인에 대한 관점, 삶에 대한 관점, 윤리 의식 등 그 사람이 무엇에 가치와 의미를 두는지도 알 수 있습니다. 아들러는 이렇게 가정했습니다.

"사람은 자신의 목표와 삶에 대한 관점을 강화할 수 있는 사건만 따로 취합해 초기 기억을 만든다."

기억은 당시 실제 일어났던 객관적, 현실적 상황과 달라서 부정확할 수 있습니다. 하지만 중요한 것은 개인이 이 기억을 어떻게 해석하고 의미를 부여하는가입니다. 자신을 피해자라고 생각하는 사람은 차별이나 무시당한 경험이나 비난과 질타를 받은 경험(기억)을 떠올리며 타인과 신뢰가 무너졌던 초기 기억을 회상합니다. 이 과정에서 자기를 희생자로 인식하며 타인은 가해자라는 신념을 강화합니다. 그러면서 자기 삶이 불공평하고 가치가 없다고 인식합니다.

다음 이야기를 살펴봅시다.

아버지, 어머니는 나와 동생을 데리고 놀이동산에 갔습니다. 사진을 찍어 주셨는데, 동생이 사진 찍을 차례가 되자 어머니가 동생의 옷을 만져 주고 머리도 정리해 주신 후에 동생에게 웃으면서 사진을 찍으라고 하셨습니다. 그리고 아버지에게 사진을 잘 찍어 주라고 하셨습니다. 제가 사진을 찍을 때는 어머니가 옷매무새를 만져 주지도 않았고 아버지에게 특별히 잘 찍어 달라는 말도 하지 않았습니다.

이 사람은 이 기억으로 '어머니는 동생을 더 편애하고 있다'는 점을 이야기하고자 했습니다. 또한 '아버지는 사진을 찍어 주긴 하지만, 자신이나 동생 중 누구에게 특별히 관심을 쏟고 있지는 않다'는 점을 말하고 있습니다. 즉 '어머니는 동생을 나보다 더 챙기고 사랑해 준다. 나는 억울하고 속상하다'는 것입니다.

이 사람에게 놀이공원을 다녀온 기억은 부러움, 질투, 억울함 등의 감정으로 설명됩니다. 그래서 자신의 속상한 마음을 동생에게 표현했다고 합니다. 화내고 소리를 지르는 방식으로 말이죠. 그런데 어머니는 언니가 동생을 못살게 군다며 화내고 동생을 더 감쌌다고 합니다.

이 사람은 자신의 속상함을 이야기하면서 어머니와의 관계도 말하고 있습니다. 또한 이를 통해 동생에게 자신이 어떻게 행동하는가도 알 수 있었습니다. 이렇게 기억을 통해 내 삶에서 핵심적으로 중요한 주제들을 이해할 수 있습니다. 이 사람이 자주 느끼는 감정은 억울함, 속상함 그리고 슬픔 등입니다. 자기에 대해 '나는 억울한 사람'이라는 관점을 갖고 있기에 지금도 억울한 세상을 자주 만납니다. 어릴 적 기억이 성인이 돼서도 억울한 관계를 맺는 데 영향을 미치는 겁니다.

나의 위치는
내가 정한 것이 아니었다

초기 기억은 현재 자신의 다양한 모습을 이해하는 데 도움이 됩니다. 대표적으로 현재 자신이 가장 자주 느끼거나 압도되는 감정, 예컨대 슬픔, 억울함, 수치심 등이 초기 기억으로부터 비롯됩니다. 초기 기억은 이 밖에도 관계 패턴이나 성격, 진로 등에 영향을 미치고 자신이 절대적으로 믿고 따르는 진리나 법칙 등을 형성하는 데도 영향을 미칩니다.

어릴 적 초기 기억 때문에 만들어진 성격, 가치관이나 익숙한 감정 등이 있습니다. 당신이 K-장녀, 장남이라면 아마도 '책임감 있게 행동해야 한다'는 행동 강령을 어렸을 적부터 익혔을 것입니다. 부모님은 '첫째'를 형제자매 사이에서 리더격이라고 생각하기 때문이죠.

당신의 초기 기억 속에는 부모님이 다른 동생들에게 양보하라고 종용하는 모습이 남아 있을 수도 있습니다. 동생이 잘못을 저질렀을 때 연대 책임을 진 적도 있을 것입니다. 부모님이 "동생을 잘 살폈어야지" 하며 나무라면서요. 당신은 부모님의 기대가 큰 만큼 기대에 부응해야 한다는 압박감으로 실수에 대한 두려움을 느끼기도 했을 것입니다.

그렇다면 이제는 "이 정도면 괜찮아, 충분해" 하면서 자신을 수용하고 쓰다듬어 주세요. 자기를 격려하는 겁니다. 더 이상 부모님 때문에 만들어진 초기 기억 때문에 괴로워할 필요가 없습니다.

혹시 당신이 부모라면 첫째 아이에게 어떤 초기 기억을 선물할

건가요? 그 혹은 그녀가 'K-장녀, 장남'의 굴레에서 벗어나게 해 주세요. 첫째 자녀도 아이라는 점을 유념하세요. 첫째 아이가 실수하더라도 '첫째이기 때문에 다 잘해야 한다'고 중압감을 주지 말아 주세요. 그리고 당신이 듣고 싶었던 말을 해 주세요.

"실수는 실패가 아니야."

그럼 첫째 아이는 여유를 갖고 만사를 대하는 사람으로 성장할 수 있을 것입니다.

——

그가 가진 기억을 보는 것은
과거만 보는 것이 아니라 미래를 함께 보는 것이다.

08

·

가족 구도는
성격에
영향을 준다

출생 순서

"한 개인의 성격을 이해하려면 전체적인 맥락에서 그 사람을 봐야 한다. 유아기부터 유년기를 거쳐 성년에 이르기까지 인간의 마음속에 휘몰아치는 인상들이 전 생애에 걸쳐 그의 자세에 영향을 끼친다."

유진 씨는 막내입니다. 위로 형 3명이 있습니다. 바로 위의 형은 1살 차이인데, 다른 형들보다 더 무섭고 잘 놀아 주지 않았습니다. 유진 씨는 늘 형이 가는 곳을 따라다녔는데 형은 같이 가다가도 금세 다른 곳으로 가 버렸고, 따라가는 유진 씨에게 다른 데 가서 놀라며 소리를 지르기도 했습니다. 유진 씨는 그런 형이 미웠고, 명절이 되면 할아버지의 무릎에 앉아서 평소에 자신보다 높았던 형제들에게 인사를 받았습니다.

왜 첫째는 희생적이고 막내는 분위기 메이커가 될까

대부분은 첫째 아이에게 둘째 아이의 탄생은 가족 내의 자신의 위상을 위협하는 요소로 받아들입니다. 아들러는 이 현상을 '폐위'라고 했습니다. 왕자가 자신의 왕위를 박탈당하는 것에 비유했죠.

중간 둘째는 자신의 자리를 확보하기 위해 경쟁적이고 사교적이며 눈치에 익숙합니다. 자신의 자리 확보를 위해 수단과 방법을 가리지 않을 수 있고, 착한 사람으로 승부를 볼 수도 있습니다. 그래서 자신의 존재를 늘 인정하고 수용하는 것이 중요합니다. 경쟁적인 이유는 살기 위해서고, 살기 위해 노력하는 존재는 소중하니까요.

셋째(막내)는 태어나면서부터 열등감을 느낀다고 합니다. 모두가 자신보다는 힘 있고 더 커 보여서요. 그래서 약한 막내는 가족 내 힘이 강한 사람과 연대를 합니다. 명절에 할아버지 무릎에 앉아서 아버지와 가족들에게 세배를 함께 받기도 하죠? 약할수록 힘에 대한 욕구가 크다고 합니다. 막내는 성인이 돼서도 조직에서 힘센 사람이 되거나, 힘이 센 사람 아래서 힘을 사용한다는 연구 결과도 있습니다. 그만큼 인간은 힘에 대한 욕구가 크다는 것을 보여 줍니다.

이렇듯 모든 상황에 적용되는 것은 아니지만 첫째 자녀가 다음 자녀들을 지배하려는 성향이 크고, 막내는 애교가 많거나 분위기 메이커의 역할을 한다는 것을 주위에서 많이 볼 수 있을 것입니다. 이는 대부분 가정의 형제자매 간의 탄생 순서가 서로 다른 상호 관계를 맺게 만들기 때문입니다.

물론 출생 순서만이 개인의 성격을 형성하는 전적인 요인이라고는 할 수 없습니다. 첫째가 출생할 당시와 둘째가 출생할 당시에 경제적, 신체적 여건 등 부모의 조건이 다르면 이 또한 영향을 미칠 수 있기 때문입니다. 또 부모가 첫째를 출산할 때와 둘째를 출산할 때 마음가짐과 기대가 다르기도 합니다. 가족 전체의 분위기, 부부간의 힘과 경쟁 구조, 그리고 형제 사이의 관계에 의해서도 성격이 달라집니다.

사회·문화적인 요인도 태어난 순서와 함께 복합적으로 영향을 미칩니다. 가부장적인 전통 사회에서는 남아 선호 사상이 지배적이라 첫째 자녀가 여성, 둘째 자녀가 남성으로 태어났더라도 남성인 둘째 자녀가 심리적으로 가족을 이끄는 첫째의 역할을 했습니다. 전통 사회에서 남성 중심적 가치관이 자녀 간 서열에 영향을 미친 것이죠. 이로 인해 맏이인 딸과 동생인 아들 사이에서 경쟁심이나 질투심 등이 보이지 않게 작용하기도 합니다. 그럼 첫째와 둘째 사이는 더 경쟁적일 수밖에 없겠죠?

성별에 따라서는 성격이 어떻게 다를까요? 아들러는 여성이 첫째로 태어났을 경우를 예로 들어 설명합니다. 맏이로 태어난 여성은 성격이 두 가지 방향으로 달라질 수 있습니다. 우선 '전통적으로 여성스러운' 성격입니다. 가정에 순종적으로 집안일을 모두 책임지는 고전적이고 조신한 현모양처로 성장할 가능성이 있습니다. 그렇지 않다면 남성과의 경쟁적인 구도를 보이며 억척스럽게 자랄 수도 있습니다. 다만 이때 성격은 가족 구성원들과의 관계뿐 아니라 외부 환경에도 영향을 받기에 절대적 요인이라고 하기는 어렵습니다.

내 인생의 첫 번째
라이벌에 대해서

아들러는 출생 순서, 형제자매의 관계가 개인의 성격 구축에 영향을 미치는 중요한 요소라는 점을 강조했습니다. 그래서 종종 오해를 받았습니다. 아이가 태어난 순서에 따라 특정한 경험을 '할 것 같다'는 개연성이 있을 뿐 명확하고 확실하게 뒷받침해서 설명해 주지 못했기 때문입니다.

가족 내 아이들의 나이 차이 및 성별의 차이는 가족 구도를 구성하는 요소입니다. 가족 구도란 '어린 시절 가족 구성원들의 가족 내 역할에 대한 기억'으로 정의할 수 있습니다. 가족 구성원 각각이 누구와 친하게 지냈는지 혹은 다퉜는지, 누가 누구를 모방했는지 또는 반항했는지 등의 모습에 따라 개인의 성격 형성에 영향을 미칩니다. 대부분의 가정에서 형제의 탄생 순서가 서로 다른 상호 관계를 맺게 만들기 때문입니다. 그러므로 한 성인의 성격과 삶의 목표를 이해하기 위해서는 그가 기억하는 가족 구도를 이해하는 것이 매우 중요하다고 볼 수 있습니다.

아들러는 특히 출생 순서에 따라 개개인의 성격이 달리 형성된다고 했습니다. 100% 들어맞는 것은 아니지만 일반적으로 가족의 첫 번째 자녀는 어린 동생들을 지배하려는 성향이 강하며, 막내는 애교가 많은 것을 볼 수 있죠?

가족이라는 공동체는 매우 역동적인 집단입니다. 새로운 자녀의 탄생은 집단에 신입 회원이 가입하는 것과 같은 의미입니다. 새로운 인물이 등장하며 새로운 관계가 만들어집니다. 이때 기

경쟁심, 질투심, 미움, 증오
형제애, 신뢰, 응원, 우정
형제는 본능적인 감정을 함께 겪는 첫 번째 라이벌이다.

존 구성원과 새로운 구성원은 각각의 방식으로 집단 안에서 자신의 존재를 드러내고자 합니다.

특히 가족 구성원의 숫자가 많아서 자신의 자리와 위치를 차지하는 데 어려움을 느낀다면 다른 구성원들에 비해 경쟁적인 영역에서 자신의 존재감을 드러내는 역량을 발전시킬 것입니다.

예를 들어 첫째가 부모가 원하는 대학에 가는 등 학업에서 성공한다면, 둘째는 운동이나 미술 등에서 두각을 보이며 첫째와는 다른 경쟁적인 우위를 차지하려고 합니다. 한 사람이 어느 분야에서 우위를 점하면 다른 사람은 그 분야 대신 다른 분야에서 강점을 보이려고 합니다. 경쟁 상대가 약점을 보이는 부분에서 치고 들어갈 수 있는 여지가 생기기 때문이죠. 이같이 조직 내 두 구성원의 경쟁은 서로의 성격, 성향, 관심과 능력의 차이에 영향을 줍니다. 드라이커스 또한 이에 대해 말했습니다.

"가족 구성원 각각이 가족 집단 내에서 자신의 위치와 위상을 확인하고 이를 고수하려 노력하기 때문에 각자가 생각하는 경쟁 상대의 실패와 성공을 잘 관찰하고 이를 파악하려고 노력한다."

나의 형제 관계는 무슨 의미가 있는지를 살펴보세요. 나에게 형제 관계는 성격 형성과 타인과의 관계에 어떤 영향을 미쳤을까요? 형제간에 했던 질투가 현재에는 누구를 향하고 있나요?

아들러는 부모와의 관계뿐 아니라 형제간의 상호 관계도 전 생애에 걸쳐 개인의 성격 형성 및 대인 관계를 맺는 패턴에 영향을 준다고 했습니다. 출생 순서를 참고하면 나에 대한 이해를 높일 수 있고 대인 관계를 맺는 데 도움이 될 것입니다. 예를 들어 맏아들은 가족 내에서 가장 큰 혜택을 누리기도 하지만 부담감도 그만큼 큽니다. 한 집안의 대들보로서 서야 한다는 부모의 기대가 행동을 제약하고 위축시키기도 합니다.

———

형제를 이해하는 것은
나를 이해하는 발판이다.

09

.

기억은
내 인생의
이야기다

기억의 해석

"우연한 기억은 없다. 자주 떠올리는 기억이나 자주 꾸는 꿈
은 현재의 이야기들을 해 준다."

이미 지나간 기억을 어떻게 해석하는지 살펴보면 현재의 자신
에 대해 알 수 있습니다. 자기 인식, 타인 및 삶에 대한 관점 등
입니다. 이때 지나간 기억은 8세 이전에 겪는 초기 기억을 중심
으로 살펴봐야 합니다. 약 8세 이전의 기억을 회상하면서 현재의
감정, 발달한 감각, 안전하고 의미 있는 장소, 관계를 맺는 방식,
성격, 사회성의 정도, 정신 건강, 진로 등 기억이 함의하는 중요

한 주제들을 발견할 수 있습니다.

어릴 때, 특히 5세 전후는 우리의 성격이나 생활 양식이 형성되는 시기입니다. 그래서 이때의 기억이 정체성의 뿌리를 만듭니다. '나'라는 존재가 어떤 의미인지 안내하는 나침반 역할을 하기도 합니다.

즉 우리는 기억을 통해서 살아온 과거를 해석하고, 현재에도 그 과거의 영향을 말하며, 미래에도 '어떻게 될 것'이라는 자기 예언적인 사고를 합니다. 과거와 현재, 중요한 성공과 실패, 위험했던 시기와 장소, 안전한 곳 등을 경험에서 지속적으로 찾으며 현재에 좀 더 안전하고 좀 더 안정된 삶에 대한 통제감을 갖길 원합니다.

중요한 것은
기억이 현재에 주는 의미다

1800년대 중반부터 대학에서 학생들을 대상으로 8세 전후의 기억이 개인의 삶에 어떤 중요한 의미를 갖는지, 어떻게 핵심적 신념을 갖게 하는지 등에 관한 연구가 시작됐습니다. 아들러도 이에 동참했습니다. 그는 1911년 정신분석학회에서 '개인의 성격 기능, 인간 발달과 기억 작업에 대한 연계성'을 주제로 발표했습니다. 아들러는 꿈과 회상된 경험에서부터 인간의 성격적 특성들이 발전된다고 주장했습니다. 이후 아들러는 미국으로 건너가 동료 루돌프 드라이커스와 함께 기억이 현재에 어떻게 반영되는지 성격과 삶을 살아가는 방식에 대한 임상 연구 결과를 발표했습니다.

연구 결과에 따르면 어릴 때 트라우마를 겪은 사람의 경우는 다양한 강박적 사고와 행동에 시달립니다. 고통스러운 기억들이 현재도 일어나고 있는 것처럼 트라우마를 다시 경험하고 있다는 것입니다. 이를 바탕으로 트라우마 치료에서는 과거의 경험, 즉 기억을 다루는 것이 중요하고 핵심적입니다. 아들러는 기억을 활용해 개인의 다양한 정보를 파악하고 그것을 기초로 인간 성장의 틀을 마련했습니다.

어떤 경험이 중요한지 중요하지 않은지는 무엇보다 한 개인이 그 사건을 어떻게 바라보고 이해하고 있는지에 영향을 받습니다. 이렇게 형성되는 성격이나 생활 양식은 초기에 겪은 수많은 경험으로부터 비롯됩니다.

특히 생활 양식은 인간이 어떤 상황이 닥쳤을 때 자신이 생각하기에 삶에서 가장 익숙하고 비교적 생존하는 데 성공적이라 여기는 대응 방식입니다. 한번 굳어진 생활 양식은 쉽게 변화하지 않습니다. 급격하게 환경이 변화하거나 만나는 사람들이 바뀌지 않을 테니 말입니다. 그리고 인간은 기존 삶에서의 목표와 신념이 크게 바뀌지 않기 때문에 그에 부합하는 친구와 경험을 선택할 가능성이 높습니다.

현재의 기억이란 현재와 연관된 내용만을 말합니다. 이 기억에 담긴 의미를 말한다는 것을 '해석한다'고 합니다. 기억에 대한 해석은 자신의 삶과 연관된 것을 묘사합니다. 개인이 발달하면서 기억과 관련된 핵심 주제와 감정은 점점 더 강화되기도 하고 철회되기도 합니다.

예를 들면 8세 때의 기억에 '나는 약해서 누군가의 도움을 받아야 했다'는 자신에 대한 핵심 신념이 담겨 있다고 합시다. 이는 성장하면서 자신의 약함이 누군가의 도움과 연관된 경험을 설명한다는 의미입니다.

기억이 긍정적인지 부정적인지 여부는 중요하지 않습니다. 다만 그 기억이 현재에 어떤 의미를 주는가가 중요합니다. 긍정적인 기억에는 현재 갈망하고 유지되기를 원하는 모습 등에 드러나며, 부정적인 기억은 현재에도 해결하고자 하는 욕구로 나타납니다.

트라우마, 부정적 경험과 기억이 현재에 나쁜 영향만 미치는 것은 아닙니다. 어린 시절의 기억을 회상하면서는 자신이 자주 걸려 넘어지는 장애물이 무엇인지와 강점과 긍정적 자원이 무엇인지도 깨달을 수 있습니다. 부정적인 기억에는 긍정적인 면을 발견할 수 없을 것 같으나, 부정적인 기억 속의 상황과 사건을 극복하면서 자라난 자신만의 노하우, 나만의 고유한 강점도 있습니다.

실제 한 임상 연구에 따르면 아주 고통스러운 트라우마를 남긴 사건이라고 해도 트라우마를 겪은 사람들의 35%의 미만에게만 외상 후 스트레스 장애(PTSD)가 남습니다. 이를 반대로 말하면 고통을 겪은 65%의 사람은 고통을 겪으며 이를 감내하는 힘이 함께 발달한다는 것을 의미합니다.

기억에는 삶의
자양분이 들어 있다

시골에서 자란 서연 씨는 아카시아꽃을 무척 좋아합니다. 서연 씨는 친구들과 함께 아카시아꽃을 따려고 작은 키로 나무 위를 올라가서 손을 뻗치다가 그만 땅에 떨어져 버렸습니다. 엉덩이가 아팠지만, 서연 씨는 아무렇지도 않은 것처럼 엉덩이를 털면서 괜찮은 척을 했습니다. 그리고 일어서서 친구들에게 '오늘은 그만 놀자'며 다른 곳으로 갔습니다.

왜 서연 씨는 아파도 아프다고 하지 못한 걸까요? 서연 씨는 아프다고 말하면 창피함을 느끼고 다른 사람과 비교해 자신이 약한 사람이라고 느껴지기 때문입니다. 자신이 부족해서 벌어진 일이니 그런 약점을 들키고 싶지 않았던 거겠지요. 서연 씨는 어린 시절, 부모님이 외로움을 공감해 주거나 살펴 주지 못했다고 합니다. 몸을 다치거나 안 좋은 일이 생겨도 '조심하지 그랬니' 하는 걱정을 들었다고 하네요. 아마 이런 일들이 스스로 '약한 사람으로 비치지 말아야겠다'는 인식을 심어 줬을 겁니다.

어린 서연 씨의 경우 아카시아꽃을 따다가 실수로 나무에서 미끄러진 것이 자기 패배적인 신념의 바탕이 됐을지 모릅니다. 그러니 남에게 도움을 청하기가 쉽지 않습니다. 그저 아무렇지 않은 척하며 화제를 돌릴 수밖에요.

부정적 기억이 꼭 긍정적으로만 활용되지는 않습니다. 트라우마를 남겨 괴로움을 주기도 하니까요. 그러나 긍정적인 기억이든 부정적인 기억이든 중요한 것은 어릴 때 기억의 원형들이 모여서 더 견고한 현재의 나를 만들었다는 것입니다.

부정적인 기억 속에도 우리가 삶을 이끌어 가는 강점과 긍정적으로 발전된 삶의 자원들이 있습니다. 나의 강점은 태어날 때 유전적으로 결정된 것이 아닙니다. 살면서 수많은 시행착오(부정적 기억을 통한)를 거치며 나만이 고유하게 만들어 낸 원동력입니다.

우리는 부정적인 면에 더 초점을 두고 그것을 개선하거나 해결하려고 하다 보니 해결하지 못함에서 오는 무능력감, 좌절, 실패를 경험합니다. 그런데 다르게 생각해 본다면 오히려 주도적이고 독립적인 면도 생기지 않았나요? '괜찮아' 할 수도 있고, 어려운 일이 닥치면 남에게 기대지 않고 스스로 해결점을 찾을 수도 있습니다. '내가 벌인 일은 내가 감당한다'는 책임감도 생긴 겁니다. 즉 동전처럼 양면성이 있다는 것이죠.

부정적인 기억과 경험 뒤에는 그로 인해 생긴 나만의 긍정적 자원도 있음을 꼭 염두에 두세요. 부정적인 경험을 헤치고 견뎌 낸 긍정적인 면도 동시에 바라보는 습관을 들인다면 부정적인 면은 개선하고, 긍정적인 면은 더 발전시켜서 모두 나의 성장의 자양분으로 활용할 수 있습니다.

—
기억을 이해하면 나를 이해할 수 있다.
기억이 없다면 미래를 준비할 수 없다.

10

모두가
결함을 안고
살아간다

트라우마

"사람은 종종 자신이 살기 위해 과거의 트라우마가 지금 발생한 것처럼 느끼기도 한다."

아들러는 어린 시절부터 많은 외상을 입었습니다. 4세에 태어난 지 6개월 된 남동생이 같은 침대에 죽어 있는 것을 봤고, 디프테리아, 폐렴, 구루병 등에 시달렸으며, 자다가 정신을 잃기도 했습니다. 2번의 대형 사고로 목숨을 잃을 뻔한 등 그는 죽음에 대한 공포를 끊임없이 느꼈습니다. 그의 삶은 트라우마의 연속이었습니다.

아들러 심리학은 '개인이 겪고 있는 문제는 무엇인가?'보다는 그 트라우마 사건을 경험하면서 강화된 강점과 긍정적 자원에 집중하며 다음 6가지에 초점을 둡니다.

'무슨 일이 일어났는가?'

'힘이 어떻게 작용하고 있는가?'

'그것은 어떤 영향을 주고 있거나 위협 요소가 됐나?'

'그 일은 어떻게 이해가 되는가?'

'어떤 의미를 주는가?'

'생존을 위해 현재 무엇을 하고 있는가?'

왜 두려운 기억이 자꾸만 소환될까

살아가면서 트라우마(외상)는 피할 수 없는 요소입니다. 트라우마는 크게 2가지로 나눕니다. 하나는 전쟁, 테러, 폭력, 차 사고 등으로 인한 트라우마로 단일 외상입니다. 다른 하나는 복합적으로 나타나는 트라우마입니다. 유·아동기에 방임과 학대, 가정 폭력, 이혼 등을 경험한 경우에는 성장하면서 다른 트라우마와 함께 장기적이고 복합적으로 트라우마를 겪습니다.

이렇게 외상을 겪은 대다수가 외상 후 스트레스를 겪습니다. 이것은 극단적인 외상 사건에 노출된 후 나타나는 신체적 혹은 정서적 사건인데요. 외상 사건 혹은 그와 비슷한 경험에 놓일 때 회피하거나 감정이 둔화하거나 과도한 각성 등의 증상이 나타납니다. 복합적인 트라우마를 겪을 경우에는 복합적 외상 후 스트레스 장애를 겪지요. 이런 증상들은 대인 관계와 일상생활 기능에 심각한 영향을 줍니다.

우리는 트라우마를 경험했는지 아닌지도 모른 채 살아가기도 합니다. 트라우마는 전쟁, 차 사고, 폭력이나 성추행 같은 극단적인 사건으로도 발생할 수 있지만 일상적이고 평범한 일로부터도 유발될 수 있습니다.

특히 아동기에 트라우마 외상을 경험한 사람들은 자신을 가치 없는 사람으로 생각하는 등 자기 평가가 부정적입니다. 이들은 트라우마를 유발한 경험을 상기합니다. 다만 수치심, 공포, 죄책감 같은 부정적 정서를 회피하고자 세부적이고 구체적인 기억은 소환하지 못합니다.

아동기에는 정신적, 신체적 무력감을 겪는 트라우마 사건들이 발생하는 경우가 많습니다. 예를 들면, 7살 때쯤 동생과 싸운다는 이유로 아버지에게 멍이 들도록 맞은 아이가 있다고 가정해 봅시다. 아버지는 아이에게 동생과의 싸움을 반성하라고 방 안에 들어가라는 주문을 합니다. 아이는 무척 공포를 느끼고 혼자서만 방에 있는 것 같은 소외감을 느낍니다. 그 후로 이 아이는 긴장되는 상태에서 네모난 방에 있으면 땀이 나고 가슴이 답답해질 수 있습니다. 이 아이에게 네모난 방은 '혼자 버려진 곳', '소외된 곳'이라는 무의식 속 상징으로 남습니다. 어릴 때의 일을 심리적으로 재경험하는 것입니다.

부모가 자주 싸우는 경우에도 자녀들은 심한 외상을 경험합니다. 자녀들은 부모가 싸우면 자신의 탓으로 느끼기도 합니다. 특히 부모의 양육 방식의 차이로 인해 다툼이 일어나는 경우 죄책감과 두려움을 느낍니다. 부부가 다투다 보면 헤어진다는 이야기가 나올 수도 있고, 자녀에게 '너는 어느 편을 따라가겠느냐'고 묻기도 합니다. 이럴 때 자녀들은 자신들이 버려질 것 같은 두려움을 경험합니다. 부모의 싸움이 잦았던 자녀는 성인이 돼서도 늘 불안해야 합니다. 또한 소리 지르는 것을 들을 때 청각의 이상적 반응을 보이고, 갈등을 회피하며, 대인 관계에서 버려지는 것 같은 두려움을 느낀다는 임상적 보고가 있습니다.

그래서 부부 싸움을 자주 한 부모 밑에서 자란 자녀들의 경우는 성인이 돼서 힘을 갖는 것이 무척 중요합니다. 이런 사람은 스스로를 무력하게 느끼는 경우가 많기 때문에 힘이 있는 타인에게 의존을 많이 합니다. 그리고 관계를 맺은 사람들에게 거절하지 못하거나, 과도하게 친절을 베풀거나, 그들을 통제하면서 불안을 해소하려고 하기도 합니다.

유·아동기에 부모로부터 외상을 입은 경우는 심리·정서적, 개인적 가치나 소속감이 상실감, 자신의 정체감 및 타인 관계에 대해 긍정적으로 느끼는 감각 등이 손상이 됩니다. 그래서 만성적인 불안과 세상에서 내쳐질 것 같은 두려움, 상실감, 수치심과 외로움 등을 반복적으로 경험합니다. 아동기의 외상 경험은 우울, 불안 등의 정서의 토대가 될 수 있고 알코올 중독, 마약 중독 등 조절이 어려운 외상 후 스트레스 장애로 이어질 수도 있습니다.

외상이 있는 경우는 개인이 안전하지 못하거나 위협당한다고 느껴서 현실로부터 자신을 차단하고 단절하는 단기 기억 상실을 가져오기도 합니다. 그래서 다른 사람처럼 행동하고 자신의 나이보다 퇴행하기도 합니다. 본인 그대로의 모습에서 정체성의 변화가 오기도 합니다. 갑자기 멍해지는 경우도 있고, 말할 수 없는 공포로 횡설수설하기도 하며, 고통과 분노를 왔다 갔다 하는 등 급격한 감정의 변화를 보입니다. 이것은 급격한 외상 상태에서 살아남기 위한 생존 전략으로 보시면 됩니다.

아동기 외상은 만성적입니다. 우리 몸 안에는 과거의 경험으로 인한 스트레스가 그대로 저장돼 있습니다. 몸은 기억하는 것

입니다. 아이들이 장기간 학대에 노출되면 성인이 됐을 때 더욱
더 정상적으로 기능을 못 할 수도 있다는 의미입니다.

신경 과학자 안토니오 다마지오의 연구에 의하면 실제로 이런
급격한 감정이 되풀이되면, 근육, 위와 장, 피부에서 시작된 신경
신호가 도달하는 뇌 영역, 즉 기본적인 신체 기능을 조절하는 영
역에 커다란 변화가 생깁니다. 연구진이 제시한 뇌 스캔 결과에
의하면 정서적 영향을 받았던 과거의 사건을 다시 회상할 때 신
체가 그 당시에 느낀 직관적 감각을 그대로 다시 경험하는 것으
로 나타났습니다.

이미 지나간 일인데도 계속 트라우마 상태를 경험하는 것은
우리 몸과 마음에 영향을 줬기 때문입니다. 현재 발생하지 않지
만, 지금 일어나는 일처럼 재경험합니다.

마음을
회복하는 길

그러나 트라우마로 인해 삶이 승화될 수도 있습니다. 어릴 때
의 외상 경험으로 타인을 도우면서 자기의 상처를 치료하는 자
양분으로 삼는 것입니다. 나의 아픔은 내가 제일 많이 경험한 전
문가이므로 이런 유형의 타인을 돕는 데도 제일 잘할 수 있기 때

나의 유년 시절,
그때의 경험들이 모여 현재의 내가 됐습니다.
하지만 현재의 나는 어릴 적 경험대로 살지 않아도 됩니다.

문입니다. 물론 내 상처가 먼저 아물어야 합니다.

실제 아들러는 그의 트라우마를 극복하기 위해 죽음을 극복한 최고의 전문가가 되려고 결심했습니다. 그리고 결국 의사가 됐습니다. 또 직접 경험한 외상을 승화해 개인 심리학의 창립자가 됐습니다. 그는 트라우마 외상을 발전의 원동력으로 삼은 것입니다. 아들러는 말했습니다.

"어떤 경험도 그 자체로 성공이나 실패의 원인이 아니다."

우리가 경험에 어떤 의미를 부여하는가에 따라서 그 경험은 고통도 되고 성장의 밑거름도 됩니다. 아들러는 외상 후 스트레스 증상은 약한 자기를 보호하는 전략이라는 관점으로 이해했습니다. 그는 당사자와 긍정적으로 유대감을 가지며, 그가 삶에서 새로운 의미를 발견하도록 돕는다면 치료에 대한 희망은 늘 존재한다고 했습니다. 그래서 아들러는 트라우마를 경험했고 아직도 고통받는 중인 사람을 만났을 때는 그 사람의 미래가 더 나아질 수 있는 믿음을 주고 힘든 나날을 보내는 그를 격려하는 것이 중요하다고 했습니다.

하트만이라는 심리학자도 비슷한 말을 했습니다. 우리 내면 깊은 곳에 '자기 치유적 원형'이 있다고 합니다. 내 안에 삶의 에너지에 대한 근원이 있다는 의미입니다. 자신만의 방향성을 갖고 인생을 나아갈 수 있는 회복력이 있어서 삶의 여정에서 치이고 쓰러져도 다시 일어서서 갈 수 있다는 것입니다.

—
내 안의 상처 입은 어린아이가
다시 웃을 수 있도록 손을 잡아 줘야 한다.

11

.

트라우마는
존재하지
않는다

기억의 재구성

"트라우마는 없다. 해결하기 어려운 충격, 절대적 사건이란 없다. 트라우마로 인한 경험이라고 느끼는 것만 남아 있을 뿐이다."

과거 기억이 현재의 나를 설명합니다. 어떤 기억을 떠올리느냐에 따라 현재의 기분, 생각, 신체 감각과 마음이 모두 영향을 받기 때문입니다. 인간은 두려움, 괴로움, 불안, 분노, 좌절, 수치심, 상실감 등을 느꼈던 기억 때문에 고통받습니다. 고통스러운 기억은 뇌에 충격을 주고, 공포로 온몸이 얼며, 머리가 하얘지는 경험을 하게 합니다. 과거에 일어난 일이지만 현재도 그 고통은 자신을 힘들게 하고 생생하게 살아서 삶에 늘 영향을 줍니다.

현재 해당 경험을 느꼈을 때와 여전히 비슷하게 해석한다면 지금도 그때의 기억에 대한 감정이 요동치는 것입니다. 특히 트라우마로 남아 있는 기억은 강렬하고 압도적인 감정이 뇌의 편도체에 저장됩니다. 그리고 온몸의 신경계와 내분비계에 영향을 주기 때문에 우리 몸과 정신에 각인됩니다. 각인된 기억은 우리 몸을 유연하지 못하게 하며, 변화도 받아들이기 어렵게 만듭니다. 과거가 현재를 계속 지배하는 것입니다. 그러면서 기억이 현재의 나, 타인, 삶에 대한 핵심적인 자세, 태도, 관점과 신념을 만듭니다.

기억 자체는
좋고 나쁨이 없다

진우 씨의 아버지는 술을 좋아했습니다. 술을 마시면 언제나 가족을 위해 요리를 해 주셨다고 합니다. 문제는 아버지가 술을 마시면 폭군으로 변한다는 것이었습니다. 어머니에게 폭력을 가하기도 했습니다. 아버지는 술을 마시고 괴물로 변하는 자기 모습을 괴로워했습니다. 어느 날 진우 씨의 아버지가 요리를 해 준다고 소시지 등을 사 오셨습니다. 진우 씨 형제는 프라이팬 위의 소시지가 버터에 잘 구워지는 냄새에 흡족해하면서 아버지의 요리를 기대하고 있었습니다. 흥이 돋자 아버지는 술을 드셨습니다. 그러자 어머니는 또 술이냐며, 오늘은 제발 그만 마시라며 불평을 쏟아 놓았습니다. 그 순간 아버지는 프라이팬을 어머니에게 던져 버렸고, 지글지글 맛나게 익던 소시지와 햄은 온 방에 흩어졌습니다. 불은 삽시간에 온 방으로 퍼져 나갔습니다.

이 기억은 진우 씨에게 분명 트라우마일 것입니다. 진우 씨는 이 기억 때문에 항상 불안해야 합니다. 행복한 순간에도 언제든 불행이 찾아올 것으로 생각하기 때문이죠. 같이 요리를 해 먹는 즐거운 순간에도 갑자기 불이 나는 것과 같은 사건이 닥칠 수 있다고 생각합니다.

우리의 기억 중에는 좋은 기억도 있고 나쁜 기억도 있습니다. 하지만 따지고 보면 기억 자체를 '나쁘다'거나 '좋다'고 하는 것은 틀린 표현입니다. 해당 기억에 대한 현재의 감정에 따라 좋은 기억이 되기도 하고 나쁜 기억이 되기도 하기 때문입니다. 기억은 그저 과거에 일어난 한 사건일 뿐입니다.

당시 사건에 대한 감정을 현재에도 똑같이 상세하게 느끼기는 어렵습니다. 지금은 환경과 상황이 달라졌기 때문입니다. 사건이 벌어진 후 기억에 대한 감정은 현재 어떻게 해석되는지에 따라 사건 당시와 달라질 수 있습니다.

아픔을 넘어서
성장하는 법

술만 먹으면 폭군으로 변하던 아버지와 관련된 트라우마를 갖고 있는 진우 씨는 기억을 새로 썼습니다. '아버지는 프라이팬을 어머니에게 던져 버렸고, 지글지글 맛나게 익던 소시지와 햄은 온 방에 흩어졌습니다. 불은 삽시간에 온 방으로 펴져 나갔습니다' 이 부분을 다음과 같이 수정했습니다.

'아버지는 어머니에게 "걱정하지 마, 적당하게 마실게! 기분 좋은 날이니 한잔만 할게!"라고 했습니다.'

아버지는 어머니에게 대화로 자신의 입장을 설명하고 불은 나지 않은 것으로 수정했습니다. 진우 씨의 아버지가 이미 돌아가셨고, 어머니는 연세가 많아 충분히 새로운 기억으로 덮을 수 있었습니다. 진우 씨가 원하는 아버지의 모습을 과거 기억에 투영한 것입니다.

이후 진우 씨는 어떻게 살게 됐을까요. 아버지와 같은 실수를 반복하지 않기 위해 진우 씨는 화가 나면 자신의 감정을 설명하는 방식으로 대화하게 됐습니다. 돌아가신 아버지가 어머니에게 대화하듯, 자신도 대화로 풀면서 관계를 유지한다고 합니다. 그리고 불이 나 버릴 것 같은 자신의 불안감을 아내에게 말하면서 가족의 화합에 대해 더 노력했습니다.

이렇게 기억은 현재 관점에서 늘 새롭게 다시 쓸 수 있습니다. 돌아보면 과거는 내가 살아가는 데 성장점이 됐습니다. 그리고 기억은 전부 보물이 될 수 있습니다. 이제 그 보물들을 발견해 나의 일상생활에서 활용하고 확장하면 됩니다.

"모든 기억은 주관적이다. 어릴 적 수백만 가지의 모든 경험 중에서 삶에 대한 자신의 관점과 일치하는 것만 기억한다."

드라이커스의 말입니다. 기억의 정보는 나의 몸과 마음의 상태에 따라 지속적으로 선택된 기억에서 다시 수정되며, 새로운 기억이 더해지고 재배열되며 새로운 방향으로 전개되기도 합니다. 기억은 반복적으로 재생되고 재구성됩니다. 얼마 지나서 나의 상태가 달라진다면 기억도 달라집니다.

기억은 절대 변화하지 않은 상태로 고통스럽게 남아 있지 않습니다. 기억은 돌이켜 보면 다르게 느껴지기도 합니다. 고통스러운 기억이었을지언정 점차 추억으로 변화합니다.

—
기억을 바꾸면 과거가 바뀐다.
과거를 바꾸면 현재가 바뀐다.
현재를 바꾸면 미래가 바뀐다.

12
·

누구에게나
자신의 입장이
있다

사적 논리

"심리적인 현상은 개인적인 것으로만 생각할 수 없으며 사회
적 연관 관계 속에서 파악해야 한다. 한 사람의 성격은 우리의 도덕
적 판단의 근거가 될 수 없다. 그것은 사회적인 인식과 함께 평가돼
야 한다."

아들러는 인간의 행위란 단순히 개인을 둘러싼 객관적인 환경
으로부터 비롯되는 것이 아니라고 봤습니다. 대신 인간이 환경
을 어떻게 받아들이는지에 따라 행위가 달라진다고 주장했습니
다. 개인은 주관적으로 보는 대로, 느끼는 대로 상대방을 이해합

니다. 자기 경험과 주관적인 신념으로 타인을 이해하는 것입니다. 그러므로 순수하게 상대방을 있는 그대로 바라보고 이해한다는 것은 참 어려운 일입니다.

준호 씨는 모든 일을 자신이 결정하고 진행 상황도 점검해야합니다. 타인을 믿을 수가 없어서이기 때문입니다. 그러다 보니회사에서 위아래 사람과 충돌이 많지만, 성과가 좋고 무척 열심히 일을 해서 모두가 뭐라고 하지 못하고 그를 따릅니다.

준호 씨는 자신이 계획하고 결정하고 주도적으로 실행하는 데남과 타협점을 찾지 않아서 좋기도 하지만, 일을 하다 보면 과부하가 되고 '실수하지 말아야 한다'는 불안감과 '완벽해야 한다'는마음이 무척 그를 힘들게 합니다. 몇 번은 동료에게 자기 일의일부를 떼 주고 맡겨 봤지만, 진도도 느리고 결과도 좋지 않아서결국은 자신이 다 했습니다.

6세 이전에
인생관이 형성된다

자신에 대한 관점, 타인에 대한 관점이 삶을 어떻게 살아갈지에 대한 전략을 결정합니다. 사람은 사적 논리를 토대로 성장하는 것이죠. '세상은 차갑고 쓸쓸한 곳'이라는 관점을 가진 사람들은 외로움과 소외감을 잘 느끼고 사람들과 가깝고 친밀한 관계를 맺지 못합니다. '나는 나쁜 사람이면 안 된다'는 생각으로 사는 사람은 선악 이분법적인 사고가 강합니다. 동시에 윤리적 우월감을 드러냅니다. '예의가 바르다'는 평가를 보상으로 받으면서 '예의 바르지 않은' 행동은 하지 않기 때문이죠.

준호 씨는 '타인은 절대 믿으면 안 돼. 피해를 볼 수 있어'라는 사적 논리를 갖고 있을 수 있습니다. 그러다 보니 결국은 혼자서 그 책임도 감내할 수밖에 없죠. 타인을 좀 더 믿고 상대가 한 일을 점검하면서 지도할 수도 있는데, 그는 자신이 해야 옳다는 것을 더 선택하고 강화해 온 것입니다.

그렇다면 사람들은 어째서 각자 다른 삶의 전략을 택하게 된 걸까요? 어릴 적 처한 환경이 저마다 다르기 때문입니다. 아이들은 6세쯤까지 성장 과정에서 많은 시행착오를 겪습니다. 이때 자기 행동에 따라 돌아오는 결과를 통해 무엇이 좋고 나쁜지 판단하고 기준을 세우게 되는데요. 토 달지 않고 부모님의 말씀을 잘 들은 아이가 이에 대해 칭찬받으면 '어른의 말을 잘 듣지 않으면 나쁜 사람'이라는 믿음을 갖게 됩니다. 하지만 어떤 부모는 자기 의견을 표출하지 않는 아이에게 '너는 왜 네 생각이 없냐'며 나무

랄 수도 있습니다. 이 경우 아이는 '자기 의견을 관철하는 것이 미덕'이라고 생각하게 되겠죠.

이렇게 삶의 교훈을 얻는 아이는 더 이상 자신의 믿음을 주관적인 것으로 여기지 않고 객관적이고 보편타당한 것으로 생각합니다. 즉 자신을 둘러싼 환경을 해석하는 시각이 모여서 인생관이 형성됩니다. 여러 가지 새로운 사건이 닥쳤을 때 새로운 대응책을 세우기보다 기존에 형성된 인생관을 토대로 전략을 세웁니다. 이때 생긴 인생관을 '사적 논리'라고 합니다.

어릴 때 형성된 인생관(사적 논리)은 편협한 경우가 많습니다. 어린아이 때는 몇 안 되는 경험으로 주관적인 믿음을 공고히 합니다. 이때의 경험은 사실보다는 잘못된 견해에서 비롯될 때가 많습니다. 그래서 어린 시절 왜곡된 세계관이 고착돼 성인이 돼서까지 이어진다면 타인과 관계를 맺는 데 문제가 생길 수도 있습니다.

예를 들어 아집을 버리지 못하는 사람은 주변 사람들을 멀리 쫓아냅니다. 타인에 대해 이해하려는 노력을 하지 않고 늘 불평불만을 쏟아 내기도 합니다. 자신을 늘 피해자라고 생각하기 때문에 어려운 상황에 놓였을 때 그 원인을 타인으로부터 찾습니다. 타인을 졸지에 가해자로 만들어 버리기 때문에 상대방은 함께 있는 것을 불편해 합니다. 게으르고 타인에게 의존적인 사람은 타인에게 책임을 떠넘겨 비난거리가 될 수도 있습니다.

사적 논리에 의존해 인생 전략을 구사하면 문제에 대해 최적의 해결 방법을 택하지 않을 가능성이 높습니다. 최적의 해결 방법이란 앞으로 문제가 지속적으로 발생하지 못하도록 하는 해결책을 의미합니다. 사적 논리에 입각한 해결 방안은 즉각적인 때가 많습니다.

빨리 가려면 혼자 가고
멀리 가려면 같이 가라

사업을 하는 보람 씨는 남들에게 일을 맡기는 것이 불안합니다. 타인을 잘 믿지 못해 눈앞에 놓인 문제를 자신이 직접 다 해결해야 마음이 편합니다. 하지만 그 일을 하느라 보람 씨는 정작 중요한 일을 못 하게 되는 경우가 빈번합니다.

모든 일을 혼자 다 감당하는 것은 비효율적입니다. 그런데 보람 씨는 왜 모든 일을 혼자 다 하려는 걸까요? 다른 사람에게 일을 가르쳐 자신이 하는 만큼 결과를 내기까지 인내하기 어렵다고 생각해서일 수 있습니다. 가르칠 에너지가 없어서일 수도 있

자신에 대해 알게 될수록 더 넓은 세계로 나갈 수 있습니다.

습니다. 혹은 타인에 대한 불신이 가득해서일 수도 있습니다.

결국 혼자 모든 것을 감당하면 손해를 봅니다. 100명을 수용할 수 있는 대형 음식점 사장님이 요리도 하고 서빙하는 종업원의 일까지 전부 도맡아 한다고 생각해 보세요. 그 음식점은 고객 응대가 어려워 오래 영업할 수 없을 겁니다.

개개인의 사적 논리는 모두 다릅니다. 그래서 개인의 사적 논리를 이해하는 과정이 필요하죠. 이를 공감하는 것으로도 볼 수 있습니다. 왜 우리는 공감해야 할까요? 우리는 좋든 싫든 사회생활을 해야 합니다. 타인과 함께 살아가는 존재로서 그들과의 관계를 유지하기 위해 노력해야 합니다. 자신의 의견을 관철하면서도 이 의견이 보편적으로 타당한지도 늘 가늠해야 하며 나와 다른 상대방의 의견도 이해하려고 노력해야 합니다.

실제 인간의 감정은 타인에 의해 좌우되는 경우가 많습니다. 사람들에게 가장 기뻤던 순간이 언제냐고 물으면 자신이 노력했던 일의 결과물이 좋았을 때, 인정을 받았을 때, 친구와 같이 여행했을 때, 친구와 맛난 것을 먹었을 때 등 대답이 다양합니다. 모두 공통으로 '타인과의 관계가 긍정적일 때'입니다. 그래서 기쁜 순간이 대인 관계에서 온다면, 고통과 어려움 역시 대인 관계에서 온다고들 말합니다. 따라서 우리는 나의 사적 논리와 타인의 사적 논리를 잘 조율해 좀 더 상호 보완적이 돼야 합니다.

우리는 모두 사회생활을 하는 인간으로서 어릴 때는 가족 안에서, 학교에 다니면서는 친구 관계로부터 사회생활 경험, 지식, 지혜를 터득합니다. 이 과정에서 무엇이 보편적인지 기준을 세우게 됩니다.

만약 자신의 행동에 죄책감을 느낀다면 보편적인 기준에 어긋났다고 판단하기 때문입니다. 스스로가 너무 많이 먹고, 돈을 너무 많이 쓴다고 판단했다고 해 봅시다. 이때 '너무 많이'는 어떤 기준에 따라 비교한 것일까요? 사회적 보편성의 기준에 따라 판단한 것입니다. 다만 이렇게 보편성을 기준으로 판단하더라도 결국 최종 판단은 개인의 사적 논리에 따릅니다.

개인이 어릴 때 형성된 세계관은 자신을 타인과 구별 짓게 하는 특성(개성)이 됩니다. 이를 아들러는 '개인의 창조성'이라고 했습니다. 실제 편협한 성격을 지닌 사적 논리가 성취동기로 작용하기도 합니다. 그러나 준호 씨와 보람 씨의 예처럼 '타인을 못 믿고 자신이 다 해야 한다'는 사적 논리는 자신의 역량을 키우지만, 타인과의 관계를 맺는 데는 긍정적인 영향을 미치지 않습니다.

인간이라면 모두가 사회적 존재입니다. 자신에게 주어진 책임은 감당하되 상대방과 협력할 용기를 낼 줄도 알아야 합니다. 상

대방과 잘 조율하는 것이 곧 상대를 존중하는 태도이며 이것이
곧 내가 행복해지는 길이기도 하니까요.

—
혼자서 살 수 있는 사람도,
혼자서 살 수 있는 세상도 없다.

13

·

그 사람의 감각이
그 사람의
세상이다

감각의 기억

"그가 어떤 사람인지 알기 위해서는 그가 어떤 감각 기관이나 기관 계통으로 세상을 경험하는지 알아야 한다. 감각 기관에서 얻은 그의 모든 관계는 유년기의 세계상 형성과 그 이후의 발달 과정에 영향을 미치고 의미를 갖기 때문이다."

제가 7세였을 때의 일입니다. 우리 가족이 집 근처 동산으로 피크닉을 갔습니다. 그곳에서 바비큐 파티를 했습니다. 엄마는 다른 채소들도 함께 준비해 오셨어요. 양파, 주홍색 당근, 표고버섯, 녹색 상추가 더욱 맛을 돋웠습니다. 아버지는 재즈를 좋아했는데 손수 준비해 온 스피커로 음악을 틀어서 분위기를 더욱 띄웠습니다. 언니와 나는 주변의 아름다운 경치와 푸르른 내음이 더욱 흥을 돋운다고 좋아했습니다. 우리는 노래를 따라 부르면서 바비큐가 익는 냄새에 신이 났습니다. 엄마가 잘 익은 고기를 쌈에 싸서 제 입에 넣어 줬습니다. 그날 먹은 고기의 맛을 잊지 못합니다.

감각이 감정이 되고
경험이 되고 내가 된다

한 내담자에게 어린 시절 가장 행복했던 기억을 떠올려 보라고 했을 때 말해 준 내용입니다. 이처럼 우리는 어떤 기억을 떠올릴 때 시각, 청각, 후각, 미각 등 다양한 감각으로 설명합니다. 기억 속에 특히 두드러지는 감각은 현재에도 많이 활용하며 삶을 풍요롭게 만들면서 긍정적인 자원으로도 활용됩니다.

실제 인간에게는 고유하게 발달한 특정 감각이 있습니다. 그 감각을 통해 자신만의 방식으로 세상을 이해합니다. 우리는 맞닥뜨리게 된 상황을 인지적, 정서적인 영역 외에도 감각을 통해서 받아들이기도 한다는 겁니다.

예를 들어 화재 사건을 경험한 A 씨와 B 씨가 있다고 가정해 봅시다. 시각이 발달한 A 씨는 화재 상황을 '붉은색 화마가 덮쳤으며 잿더미와 연기가 아득했다'고 표현합니다. 반면 후각이 발달한 B 씨는 '탄 냄새 때문에 머리가 아파서 기절하기 직전이었다'고 표현합니다.

사람들은 각각 자기에게 발달한 감각으로 마음의 안정을 얻습니다. 연구 결과에 따르면 감각과 관련된 기능이 발달해 이를 활용한 직업을 결정하기도 합니다.

A 씨같이 시각이 발달한 경우는 평화로운 모습이 담긴 사진이나 그림으로부터 마음의 안정을 얻을 가능성이 높습니다. 또 색에 예민하게 반응해야 하는 패턴 디자이너나 화가를 직업으로 삼을 가능성이 높습니다.

B 씨같이 후각이 발달한 사람들은 아로마 테라피로 기분을 정화하는 것을 즐길 가능성이 높습니다. 후각이 예민해야 하는 요리사를 직업으로 삼았을 수도 있을 테지요. 이처럼 오감인 청각, 촉각, 후각, 시각, 미각의 발달 정도가 우리 삶의 방식에 영향을 주고 있음을 알 수 있습니다.

• 기억으로서 시각의 의미

'나는 엄마가 동생을 안고서 거실을 왔다 갔다 하는 것을 보고 화가 났어요.'

어떤 기억을 떠올릴 때 이미지를 묘사하는 방식으로 말하는 사람은 시각이 중요한 감각으로 발달한 사람입니다. 연구 결과에 따르면 시각은 청각과 함께 가장 많이 발달한 감각입니다. 시각으로 전체적인 상황을 판단한 후에 세부 내용을 평가하고 그에 따라서 감정도 수반됩니다.

• 기억으로서 청각의 의미

'어린 시절 학교 숙제를 다 끝내지 않고 밖에 놀러 나간 적이 있습니다. 아버지는 나에게 문제지를 다 풀 때까지 책상에 앉아 있으라고 언성을 높였습니다. 나는 조용히 과제를 했고 다른 식구들은 모두 웃으면서 과일을 먹었습니다.'

해야 할 일을 다 끝내지 못해서 가족과 함께 보내는 즐거운 시간에 나 홀로 참석하지 못한 적이 있으신가요? 이 기억을 언급한 사람은 청각이 발달해 기억 속 아버지의 목소리, 식구들의 웃음소리가 생생하다고 합니다.

이 사람에게 고함은 처벌 혹은 '나를 비난하고 무력하게 한다' 등의 부정적 의미로 받아들여집니다. 아버지의 꾸지람 소리로부터 통제를 연상하기 때문이죠. 식구들의 웃음소리 또한 당시 상황 때문에 자신의 자유를 구속하고 통제하는 소리로 들린다고 합니다. 다른 사람들이 즐기는 여유를 자신은 갖지 못하고 있기 때문입니다. 지금도 소리를 들을 때 그때의 기억을 다시 한 번 경험하는 것입니다. 청각이 발달한 사람들은 문소리나 발걸음 소리 등 작은 소리에도 예민하게 반응합니다.

• 기억으로서 촉각의 의미

촉각은 태어나기 전부터 발달한 인간의 감각입니다. 촉각에 대한 첫 경험은 태아 때 엄마 자궁 안의 양수를 접촉한 것입니다. 세상에 나오면서도 엄마의 탯줄과 연결돼 있기 때문에 계속 촉각을 느끼고요. 엄마는 출산 후에 언어를 곧바로 사용할 수 없는 아이에게 쓰다듬기 등 신체 접촉으로 사랑의 표현을 합니다. 아기는 부모가 어루만질 때 편안함을 경험합니다.

그래서 촉각은 친밀감에 대한 욕구가 드러나는 감각이며 촉각 경험은 애착과 관련이 깊습니다. 접촉이 없으면 안정적인 애착이 이뤄지기 어려우며 평생 심리적 어려움을 겪습니다. 신체적 접촉이 심리적 안도감과 환경의 안정감을 촉진한다는 점입니다. 실제 대부분 사람이 부드러운 담요, 인형, 반려동물, 신체와의 접촉을 통해서 안정감을 취하려고 합니다. 촉각은 평생에 걸친 인간의 욕구로도 볼 수 있습니다.

촉각이 특히 발달한 성향의 사람은 평소에 손으로 직접 만지는 것을 선호하며 부드러운 질감도 좋아하죠. 또 포옹을 주고받고 마사지를 받는 것도 좋아합니다.

이렇게 우리 신체의 모든 감각은 자기 삶과 연관돼 있습니다. 그리고 나 자신뿐 아니라 관계에도 영향을 주는 것을 관찰할 수 있습니다.

기억과 기분을 바꾸는 감각 활용법

부정적인 경험이나 기억이 감각을 발달시켰을 수 있습니다. 하지만 발달한 감각은 현재 나에게 긍정적으로 쓸모가 있습니다. 그래서 나의 감각이 부정적인 원인으로 인해 고통을 겪는다면, 감각이 긍정적으로 느끼는 경험을 자주 하면 됩니다. 이렇게 함으로써 부정적인 기억의 감각은 체계적으로 둔감하게 변하며, 긍정적인 감각의 경험으로 조율이 됩니다.

시각적 감각이 강하게 발달한 사람의 경우에는 디자인이 화려한 옷을 입거나 자연 등의 색채를 자주 접하는 것이 좋습니다. 이들은 기분이 좋고 나쁨이 색 또는 시각적 요소로 인해 좌우됩니다. 이런 경우 좋아하는 시각적 이미지를 평소에도 몸에 지니면 효과를 얻을 수 있습니다. '몸에 지닌다'는 의미는 나의 긴장 상태를 스스로 조율할 수가 있다는 뜻입니다. 일상에서 시각적 감각을 활용해 심리적 안정감을 느끼는 습관을 기르는 것입니다. 아마 이미 그들은 일상에서 많은 색깔과 시각적 요소를 활용하고 있을 겁니다.

청각에 민감한 사람의 경우, 자기에게 도움이 되는 긍정적인 소리를 활용하시길 바랍니다. 예를 들어 물소리를 좋아하는 사람은 정화, 씻어 내림의 의미로 받아들여서라고 합니다. 이런 경우는 물소리를 휴대폰에 녹음해서 늘 들을 것을 권장합니다. 즉 물소리를 통해 씻어 내림을 경험하는 것이죠. 본인에게 안정감과 평화로움을 주는 물소리를 평소 내 몸에 지니는 것입니다.

후각적 감각이 강하게 발달한 사람의 경우는 불쾌한 냄새에는 민감하게 반응하기가 쉽습니다. 유독 가스, 썩은 음식 등 통상 우리 몸에 해를 입히는 독성 물질은 후각으로 지각될 때가 많기 때문입니다. 향수같이 좋은 냄새를 활용해 봅니다. 향기로 기분을 고양하고 안정감을 갖도록 하기 때문입니다.

"나는 곧 내가 지각한 것이다. 우리가 지각하고 이해하는 것은 우리가 어떤 사람인지에 달려 있다."

미국 임상 심리학자 닐 클락 워런이 남긴 말입니다. 모든 감각은 우리 삶의 긍정적인 자원이며, 기능들이 발달하면 강점이 됩니다.

—
명확하게 알지 못하고서는 어떤 사람의 행동을
진정으로 이해할 수 없다.

3장

·

어떻게
사랑
받고
사랑
할까

—

아들러의
관계 수업

ALFRED
ADLER

14

·

그가 맺는
관계를 보면
그의 내면이 보인다

관계 패턴

"대부분의 인간관계, 특히 남녀 사이에도 서로 우월과 열등
관계가 있다. 그래서 남녀 관계의 평등이 성공적인 관계의 지표다.
한쪽이 이기적인 우월감으로 통제나 권위로 힘을 구사한다면 제대
로 된 사랑을 할 수 없다."

'근묵자흑 근주자적(近墨者黑 近朱者赤)'

함께 시간을 보내고 같이 어울리는 사람과 비슷해진다는 의미
로 환경의 중요성을 강조하는 격언입니다. 어떤 사람을 만나서

어떤 인간관계를 맺느냐에 따라 자기 자신이 크게 좌우됩니다.

특히 어린 시절 가족 내에서 부모님 혹은 형제자매 등 가족 구성원과 맺은 관계의 모습이 어떤지에 따라 인간을 보는 관점과 성인기에 대인 관계를 맺는 방식이 형성됩니다. 이것은 발달 단계를 거치며 나이가 들면서 더욱 공고해집니다. 자신의 신념이 변화하지 않는 한 그 관계 패턴을 성인까지 유지해 가는 경우가 많습니다.

인간은 인생의 첫 번째 타인인 부모님으로부터 겪은 경험이 모여 다른 사람에 대한 관점을 형성합니다. 다른 사람이 나에게 관심을 기울여 준다고 믿는 사람은 어린 시절 양육자가 정신적 상처를 치유해 주고 보살펴 준 기억이 있을 가능성이 높습니다. 반대로 양육자가 다른 일을 우선순위로 여겨 상처를 보고도 못 본척 보듬어 주지 못했다면 자신은 타인으로부터 인정과 존중을 받지 못한다고 느끼는 경우가 많습니다.

아들러는 특히 형제들과 맺는 관계의 모습을 중시했습니다. 가장 친밀한 형제뿐 아니라 자신과 가장 많이 다툰 형제의 경우에도 서로의 성격 및 관계 형성에 영향을 가장 많이 준다고 봤습니다.

가장 어릴 때의 기억 속에서 자신의 타인에 대한 관점 그리고 관계를 맺는 패턴의 원형을 볼 수 있습니다. 타인에 대한 확고한 신념은 유·아동기의 경험과 인식이 모여 나름대로 여러 확증 단계를 거치면서 확고해집니다. 기억에 특정한 개인 혹은 권위자로부터 자신이 격려나 지지를 받았던 경험이 많은 사람은 자아상이 긍정적이며 자신도 그와 똑같이 남들을 대하는 관계 패턴을 유지하는 경우가 다수입니다.

반면 믿음이나 격려 등을 받지 못한 사람은 누군가를 믿을 수 없다는 굳건한 신념을 지닌 채 성장합니다. 타인과의 관계에서 상호 작용을 할 때도 그 신념을 놓지 않습니다. 결국 그 사람은 항상 경계심을 갖고 상대방을 대하는데, 상대방도 그런 태도와 행동을 알아차리고 거리를 두게 되죠.

이렇게 타인과의 간극이 큰데 우리는 이대로 차이를 두고 살 수밖에 없는 걸까요? 아들러는 서로 다른 인간관을 가진 사람들이 함께할 수 있다고 봤습니다. 인간은 더불어 사는 '사회적 관심'을 가진 존재라고 봤기 때문이죠.

인간이 관계에서 바라는 7가지 욕구

아들러는 제1차 세계 대전 시절 군의관으로 복무한 후에 공동체감의 개념을 확립했습니다. 그는 전쟁 속, 가장 두려운 환경에서 개인의 생존이 인류의 생존과 관련성이 있음을 터득했습니다. 개개인이 각각 살려고 노력해야 인류 전체가 살아남는 셈이니까요.

그러면서 한 개인의 행복과 불행이 관계에 영향을 미쳐 타인의 삶에도 영향을 준다고 봤습니다. 반대로 타인으로부터 영향을 받기도 하죠. 이를 아들러는 사람이 모두 사회적 관심을 두고 있기 때문이라고 봤습니다. 우리는 사회의 영향을 받는 존재이기 때문에 타인의 안녕에도 관심을 두게 된다는 겁니다. 사회적 관심 덕에 우리는 타인들과 협동적으로 기능하고 상호 관계를 맺으면서 살 수 있습니다.

아들러는 인간이 타인과 더불어 살 수밖에 없는 존재인 만큼 관계를 맺을 때 받아야 하는 중요한 느낌 중 하나가 '평등감'이라고 했습니다.

"남녀 관계는 수평적으로 상호 존중할 때 서로 친밀감이 형성되고 강화된다. 여성의 역할과 남성의 역할, 누가 우위인가가 중요하지 않으며, 상대방을 있는 그대로 존중하고 사랑할 때 공동체감(소속감, 유대감)을 느낄 수 있다."

아들러가 직접 겪고 한 말이죠. 그가 평등을 강조하게 된 계기는 부인 때문으로 보입니다. 아들러의 배우자는 러시아 출신이었습니다. 아들러가 결혼을 하던 당시 러시아는 사회주의 국가였고 평등을 강조했습니다. 그의 부인 또한 사회주의 사상에 영향을 받았습니다. 부인으로부터 큰 영향을 받았기 때문일까요. 아들러는 몸소 부부간의 수평적인 관계 맺음과 실천을 위해 큰 노력을 했다고 합니다.

아들러가 말한 평등감 외에도 사람들은 대인 관계에서 6가지 욕구를 느끼고자 합니다. 인간은 다음의 6가지 욕구 중 1가지라도 결핍돼 있으면 관계를 맺는 상대방으로부터 그 결핍을 채우려 합니다. 각 욕구가 무엇인지, 욕구가 결핍됐을 때 어떤 결과를 초래하는지 알아봅시다.

• 안전감

인간은 관계를 맺으며 '내가 안전하다'고 느끼고 싶어 합니다. 이는 생존에 대한 본능적인 욕구 때문이죠. 다른 욕구보다도 최우선으로 충족돼야 합니다.

관계에서 생존과 안전을 위협받은 경험이 잦았던 사람은 자신을 보호하고 불안을 회피하는 안전제일주의적인 가치관을 가질 가능성이 높습니다. 이 사람은 기존 것을 고수하고 보수적 태도를 취하며 과감한 도전이나 새로운 시도를 자제할 가능성이 높습니다.

• 가치 인정

인간은 관계를 맺으며 상대방으로부터 존중과 관심을 받고 자신이 가치 있는 존재임을 인정받고자 하는 욕구가 있습니다. 관계에서 자신의 가치를 인정받은 경험을 별로 하지 못했던 사람은 인정 욕구를 해소하기 위해 끊임없이 '인정 투쟁'을 합니다. 타인의 인정을 받지 못할 경우 자책하기도 합니다.

다만 가치 인정의 결핍을 나쁘게만 보기는 어렵습니다. 때로는 과한 인정 욕구가 발전의 동력이 돼 유능함으로 발휘되기도 합니다. 선한 사람으로 인정받고 싶은 욕구는 선한 행동으로 발현됩니다. 그래야 윤리적 우위를 점할 수 있으니까요.

• 수용

사람들은 관계 내에서 가치 판단이나 평가 없이 있는 그대로 수용되길 원합니다. "당신은 괜찮은 사람이야" 하고 얘길 듣고 싶어 하는 것이죠. 타인에게 그저 '생긴 대로' 가치 있는 존재, 필요한 존재, 존경받는 존재로 인식되면 수용의 욕구가 충족됩니다. 특히 자신의 상처도 있는 그대로 보듬어 주는 상대방을 만났을 때 수용된다는 느낌을 경험합니다.

• 상호성

사람들은 자신이 겪은 상황과 비슷한 상황을 경험해 본 사람과 함께하고자 하는 상호성 욕구가 있습니다. 상대방의 경험 속에서 나의 모습을 보며 정서적 일체감을 느끼는 것입니다. 특히 어려움이나 고통을 비슷하게 경험한 경우에 상호성을 크게 느낍니다. 비슷한 아픔을 상대방으로부터 이해받을 수 있을 것으로 생각하고, 정서적으로 공감받기를 원하기 때문입니다. 다만 상대방의 경험이 나의 경험과 상세한 부분까지 일치할 필요는 없습니다. 사람들은 상호성이 부족하다고 느낄 때 의사소통이나 감정적 교류가 되지 못한다고 느낍니다.

• 자기 정의

사람들에게는 자기 자신의 독특함, 고유성을 표현하고자 하는 욕구가 있습니다. 남들과 다른 점을 보여 줌으로써 자기 존재를 세상으로부터 인정받고 싶기 때문이죠. 자기 정의 욕구가 충족되지 않을 경우 우울함이나 공격성, 경쟁심 등을 드러냅니다. 반대 의견을 내세우는 사람을 보면 자기 존재가 부정당했다고 생각하고 '내 생각이 맞다'는 태도로 일관합니다. 그리고 상대에게는 적대적이며 공격적이 됩니다. '내 생각도 맞고 너도 맞아'라는 태도를 갖기 어려워지는 것이죠.

• 영향 주기

인간은 타인에게, 특히 자기에게 의미 있는 관계의 상대방에게 영향력을 행사하고 싶어 합니다. 건강한 관계에서는 의견을 주고받거나 긍정적인 행동으로 영향력을 미치고 서로의 성장을 촉진합니다. 주변에 운동을 열심히 하는 친구가 있으면 함께 운동을 열심히 하게 되는 것이 그 예가 되겠죠. 혹은 자녀가 책을 읽었으면 좋겠다고 바란다면 부모가 몸소 독서하는 모습을 보여주는 것이 효과가 있다는 것도 좋은 예시입니다. 다만 영향을 주고자 하는 욕구가 과잉될 경우 태도가 독선적인 사람이 될 수 있습니다. 자신의 주장을 상대방에게 일방적으로 강요해 부정적인 영향을 주는 관계가 될 수도 있죠.

서로를 존중할 때
더 이상 외로워지지 않는다

한 관계에서 서로의 모든 욕구를 전부 충족하는 것은 이상적이지만 사실상 불가능에 가깝습니다. 다만 상대가 지닌 욕구를 인정하고 존중해 주는 것만으로도 의미가 있습니다. 존중, 인정하는 과정에서 친밀감이 높아집니다. 상대방의 욕구를 있는 그대로 인정하고 존중하는 것이 곧 상대방을 깊게 이해하는 것이기 때문입니다. 실제 상대방도 나의 그런 태도에 이해받는다는 느낌을 받을 것입니다.

에릭슨은 성인 초기에는 부모로부터 벗어나 독립적인 인간으로 성장하고, 타인과의 관계에서 친밀감을 성취하는 것을 가장 중요한 발달 과업으로 봤습니다. 그렇기 때문에 대인 관계의 중요성이 더욱 키지며, 이성 관계를 형성하고 흥미를 공유하면서도 서로 독립된 존재로서 상호 존중하는 것이 중요하다고 했습니다.

그런데 어떤 사람들은 많은 사람과 관계를 맺어도 외로움을 많이 느끼며, 혼자가 아닌데도 관계에서 오는 심리적 어려움을 겪고 친밀감을 경험하지 못해 좌절감을 느낍니다. 그렇게 되면 더 타인과 관계를 강화하려고 하거나 특정한 관계에 더 집착하게 됩니다. 관계가 약하거나 단절되면 불안하고 공허한 기분까지 느끼면서 혼자 남겨질지 모른다는 두려움으로 자신까지 희생하며 관계에 강하게 의존하고 몰두하게 됩니다.

때때로 '내 곁에는 아무도 없다'고 표현하는 사람이 있습니다.

이 사람이 그렇게 생각하는 이유는 물리적으로 주위에 사람들이 있어도 심리적으로 관계에서 거리감을 느껴 외로움을 느끼기 때문입니다. 타인들 사이에 있어도 외롭고, 혼자 있어도 외로운 것은 내 안에 형성된 타인에 대한 이미지가 '외롭고 단절된 것'으로 굳게 형성됐기 때문입니다. 그래서 상대방을 있는 그대로 보지 못하고 자신이 쓴 안경 너머로만 봅니다. 나에게 이미 형성된 대인 관계에 대한 신념에 따라서 만날 수가 있다는 것입니다.

아들러는 인간에게 내재한 사회적 관심만이 자신과 타인에 대한 확고한 신념을 변화시킬 수 있다고 했습니다. 공동체 내의 다른 사람들과 보편적으로 합의를 이루는 사고(공동체감)를 개인도 수용하며 살 때 서로 외롭지 않고 친밀감을 유지하면서 더불어 살 수 있다고 했습니다.

이제는 타인을 있는 그대로 인정하고 수용할 수 있는 훈련을 해야겠죠? 내가 이렇게 생각한다고 타인도 똑같이 생각할 거라는 것은 왜곡된 사고입니다. 인간은 각각 다른 대인 관계를 겪어왔기 때문에 인간에 대한 신념도 모두 다릅니다. 그래서 자주 객관화하며 이 상황을 살펴보고, 상대방의 입장이 돼서 상대방은 어떤 감정과 생각일지도 훈련해야 합니다.

내가 어느 것에 몰입해 있다면 전체를 보기가 어렵습니다. 나

누군가 나를 옆에서 돌봐 주고, 함께 슬퍼해 주고,

지지해 주고, 베풀어 주고,

내 말에 동감해 주면 마음이 훨씬 가벼워집니다.

를 다른 사람 보듯이 객관적으로 바라보는 것입니다. 마치 좀 먼 데서 나의 행동을 관찰하듯이 말입니다. 점차 내가 하는 행동, 타인의 행동이 분리돼 보일 것입니다. 이제야 있는 그대로의 상대방을 인식할 수 있습니다.

———

한 발짝 물러서서 전체를 봐야
나도 상대방도 똑바로 볼 수 있다.

15

·

사랑을
붙들기 위해
싸우지 마라

관계 중독

"사랑은 아주 깊은 동지적 관계를 의미한다. 그러므로 한 사람이 지배욕이 너무 강할 때는 유지하기가 어렵다."

사랑하는 사람으로부터 버림받을 수 있다는 공포를 느끼는 사람 중에 관계에 의존하거나 집착하는 경우가 있습니다. 사랑을 받지 못할 때의 자신은 불완전한 존재라고 생각하기 때문입니다. 이들은 정서적 친밀감에 목말라하며, 혼자 남겨지는 것에 몹시도 불안해 합니다. 이런 사람들은 이성 관계를 맺을 때 상대방의 가스라이팅, 데이트 폭력에 피해를 본다고 해도 그 관계를 끊지 못하기도 합니다. 이들이 앓고 있는 질환은 '관계 중독'입니다.

문제는 정작 당사자가 자신이 관계 중독인지 인지하지 못해서 폭력이 반복된다는 것입니다. 상대방에게 버림받을 수 있다는 두려움에 자신이 취해야 할 생각과 행동에서 거리를 두거나 회피하고 상대방의 의견을 수용하게 되는 것입니다. 상대방이 폭력을 행사해도 자신에게 잘못이 있기 때문에 맞았다고 생각해서 오히려 자책하기도 합니다. 심리적 거절을 빈번하게 경험하고, 세상에 혼자 내쳐지는 것에 대한 공포가 심해서 자신이 폭력의 희생물이 돼도 '내 잘못이니까' 하고 상대방을 더 이해하려고 하는 것입니다.

자신을 인정하지 않는 사람, 타인에게 의존하는 사람

아주 어릴 때 관계에 대한 경험이 중요한 역할을 합니다. 사람은 태어나서 누군가 보살펴 주지 않으면 살 수가 없습니다. 그래서 친밀한 상대로부터 버림받을 것 같은 두려움은 초기 아동기부터 형성되는 경우가 많습니다. 한 개인에게도 오랜 아픔의 역사가 있는 것입니다. 심리학자 칼 융은 "생애 초기에 중요하고 친밀한 대상과의 관계에서 학대, 방치 및 유기(버려짐) 등을 경험할 경우 부정적인 이미지가 형성되어 부적응 스키마로 자리 잡는다"라고 했습니다.

관계 대상에 대한 부적응 스키마는 생애 초기에 형성돼 아동기와 청소년기를 거치며 더욱 발달해 강화된다고 합니다. 양육자로부터 충분하게 공감받지 못하거나 제대로 돌봄을 받지 못하면서 좌절과 외상(트라우마)을 겪은 사람은 성장한 후에도 타인과의 안정적인 관계 형성 및 유지가 어려워진다는 것입니다. 타인으로부터 인정을 갈구하고 의존하는 등 집착이 심해집니다. 특히 관계에서 버림받을 것 같은 불안감에 거절을 잘 하지 못합니다. 자신의 감정을 억제해 버리고, 상대방에게 맞춰 가는 것입니다.

타인에게 폭력을 당하면서도 상대를 이해하고 자책하는 사례가 성장 후 타인과 불건강한 관계를 맺는 대표적인 예시입니다. 어떤 수모를 겪어도 관계를 유지하는 것이 우선순위이기 때문입니다. 폭력이 주는 상처보다 버려지는 상처가 더 깊어서죠. 이것은 초기 아동기에 버림받았던 상처를 아이러니하게도 더 강한 충격의 폭력으로 상처를 냄으로써 작은 상처를 무마하려는 것과 같습니다. 이는 건강한 방법이 아닙니다.

한편 어떤 사람들이 데이트 폭력을 자행할까요? 드라이커스는 이렇게 말했습니다.

"권력을 추구하는 사람들은 초기 아동기 시절 아이들만이 표현할 수 있는 공포와 고통을 타인에게 행사한다. 폭력과 욕설을 통해 타인을 억압하고 지배하려고 한다."

이들은 자신의 유약함을 감추고 부정적인 방법으로 자신이 원하는 바를 타인에게 요구합니다. 이런 사람들에게 권력이란 '타인을 인정하지 않고 존중하기를 거부함으로써 개인 간의 조화와 협력을 저해하는 것'입니다. 이런 사람들은 약한 자에게 자신의 강함을 더 과시하고, 강한 사람에게는 약한 모습을 보입니다.

그렇다면 관계 중독은 어떻게 치유할 수 있을까요?

내가 나를 안아 줄 때
변화가 시작된다

이성 관계뿐 아니라 결혼 관계가 오래 유지되려면 서로 평등한 관계가 유지돼야 합니다. 미성숙한 사람일수록 대인 관계에서 자신의 권력을 행사하며 타인을 조종하고 강제로 통제하려고 합니다. 반대로 성숙한 사람일수록 서로 삶의 동반자로서 성장합니다.

우선 거절당할지도 모른다는 불안감에 떨고 있는 나를 이미지

화해서 그려 보세요. 그런 후에 그 이미지에 이름도 붙여 보세요. 예를 들면 '물귀신'이나 '스토커'로 붙여 볼 수 있습니다. 그리고 물귀신과 대화를 해 봅니다. 자기 자신과 대화를 시작하는 것입니다. 내가 물귀신이 돼서 감정을 말해 보기도 합니다. 물귀신이 하고 싶어 하는 말을 다 적어 봐도 좋습니다.

'나는 어려서부터 거절을 많이 받았어. 이젠 더 버틸 힘이 없어. 그래서 더 이 사람을 잡고 싶어. 나는 혼자 세상에 내쳐지기 싫어. 나를 좀 봐 달라고 해 보자. 내가 잘못했다고 해 보자.'

평등한 관계를 맺기가 어려워 속상한 물귀신을 이제 위로해야 합니다. 만약 물귀신이 듣고 싶어 하는 말이 있다면 그것도 다 적어 보세요. 그리고 촛불을 켜고 상실감에 휩싸인 슬픈 물귀신이 적은 것들을 읽어 보세요. 그렇게 하면서 감정의 변화를 살펴보시길 바랍니다.

그리고 나를 안아 주세요. 나에게 피해를 주는 사람에게 의존하고 싶어 하고 집착하는 나를요. 나는 오랜 시간 공감받고 위로받고 함께하고 싶은 친밀한 대상을 만나고 싶어 했잖아요. 거절당할 것 같은 심리적 불안은 내 안에 있습니다. 그 불안이 상대방이 하는 행동에서 자꾸 '내가 거절당할 것'이라는 왜곡된 사고를 하게 만듭니다.

이제 내가 나를 위로하고 스스로를 믿어 봅시다. 성인이 됐으니까요. 어린 시절의 상처받고 상실감이 큰 어린아이를 다시 양육하는 것입니다. 어르고, 맞장구쳐 주고, 인정하고, 수용해 주면서요. 이런 행동은 아이와 비슷한 인형이나 상징물을 갖고 다니면서 시시때때로 하셔도 좋습니다. 스스로가 자신을 응원하면서 용기를 불러일으켜 주는 것입니다.

—

혼자서도 불안하지 않은 사람이 건강한 관계를 맺을 수 있다.

16
·

타인을 수용하는
사람이
사랑에서 성공한다

사랑

"사람들은 생애 초기부터 사랑과 결혼을 위해 준비를 한다. 가장 중요한 준비는 협력이다. 이성과 협력을 이루기 위해서는 상대방에 관한 관심과 평등이 전제돼야 한다. 서로에게 충실하고 정직하며 신뢰감을 줘야 인생의 동반자가 될 수 있다."

에리히 프롬은 저서 《사랑의 기술》의 서문에서 말합니다.

"사랑은 누구나 쉽게 탐닉할 수 있는 감상이 아니라는 점을 보여 주려는 것이 이 책의 의도."

이어서 첫 장 '사랑은 기술인가?'에서는 "삶이 기술인 것과 마찬
가지로 '사랑도 기술'이라는 것을 깨달아야 한다. 그러기 위해서
우리는 사랑의 기술을 배울 필요가 있다"라고 합니다.

아들러도 이와 비슷한 주장을 했습니다. 사랑의 모습은 다양
합니다. 좀 더 정확히 말하면 실제 각자가 주장하는 사랑의 모습
이 모두 다릅니다. 하지만 모두가 건강하고 성숙한 모습은 아닙
니다. 그래서 우리는 사랑을 이해하기 위해 노력하고 배워야 합
니다.

심리학자들이 말한
사랑의 다양한 모습

사랑의 유형을 구체적으로 제시한 로버트 스턴버그는 친밀감,
열정, 책임감을 모두 포함한 감정을 완전한 사랑이라고 봤습니
다. 친밀감은 사랑하는 관계에서의 가까움, 유대, 결속 등의 정서
적 측면에서 따뜻함을 의미합니다. 열정은 사랑하는 관계에서 로
맨스, 신체적 매력, 성적 관계 등 상대와 하나 되고 싶어 하는 강
렬한 욕망의 상태를 의미합니다. 책임감은 '사랑을 시작하겠다'는
결심과 '사랑을 지속하겠다'는 헌신의 의미가 있습니다.

이 책임감과 헌신은 서로 독립적이면서도 상호 작용합니다.

친밀한 사이가 열정적인 관계로 발전해 책임감을 이끌어 낼 수 있으며, 책임감이 클수록 친밀감이나 열정이 높아질 수도 있습니다.

사회학자인 존 앨런 리는 총 6가지의 사랑 유형을 제시했습니다.

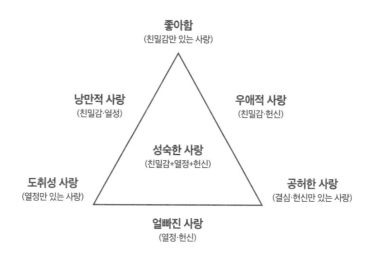

• 열정적인 사랑(eros)

열정적인 사랑을 하는 사람들은 강한 성적 끌림이 사랑의 동기가 됩니다. 이 유형의 사랑을 하는 사람들은 자신이 이상적으로 생각하는 신체적 유형을 알고 있고 이상형에 부합하는 상대방을 만나면 첫눈에 반해 버립니다.

• 유희적인 사랑(ludus)

유희적인 사랑을 즐기는 사람들은 사랑에 빠지거나 헌신할 의사가 없으며, 사랑을 일종의 게임이라고 생각합니다.

• 친구 같은 사랑(storage)

친구 같은 사랑은 우애적 사랑으로 시간이 흐르면 서서히 무르익는 사랑을 의미합니다. 첫눈에 반하기보다 우연히 사랑하게 되는 지속적인 정에 근거한 사랑을 추구합니다.

• 소유적인 사랑(mania)

소유적인 사랑은 열정적인 사랑과 유희적인 사랑의 결합으로 나타나는 형태입니다. 극도로 의존적이고 강한 질투를 하는 것이 특징입니다. 소유적인 사랑을 하는 사람들은 항상 사랑받고 있다는 확인이 필요하고, 상대로부터 더 많은 헌신과 애정을 요구합니다.

• 실용적인 사랑(pragma)

실용적인 사랑은 친구 같은 사랑과 유희적인 사랑이 결합한 논리적이고 실용적인 사랑입니다. 자기와 어울리는 배경과 관심사를 지닌 상대를 선호하지만, 그렇지 못할 경우는 유희적인 사랑을 합니다.

- 헌신적인 사랑(agape)

헌신적인 사랑은 아무 조건 없이 좋아하고 돌봐 주며 용서하고 베풀어 주는 이타적인 사랑입니다.

사랑의 성차에 대해 연구한 헨드릭은 남성이 여성보다 더 열정적이고 유희적인 사랑의 태도를 보이는가 하면, 여성은 남성보다 더 실용적인 사랑이나 친구 같은 사랑 또는 소유적인 사랑의 경향을 보인다고 했습니다. 다만 사람들은 대개 1가지 유형의 사랑을 선호하지만 그것을 표현하는 과정에서 몇 가지 유형이 복합적으로 나타납니다.

이렇게 학계에서는 다양한 사랑의 유형이 있다고 밝혔습니다. 그렇지만 모든 유형의 사랑이 건강한 방식이라고 볼 수는 없습니다. 상대방을 통제하고, 상대방이 자신의 의견대로 움직여 주는 것이 사랑이라고 생각하는 사람들이 있습니다. '나는 이런 사람이니 이렇게 맞춰야 한다'며 희생을 강요하는 것입니다.

이 사람들은 사랑에 대한 개념이 왜 이렇게 형성된 걸까요? 초기 발달 단계에서 부모에게 과도하게 의존한 경우라면 성인이 돼서도 애정 관계를 맺을 때 의존적이게 됩니다. 양육자가 과도하게 의존할 수 있도록 많은 것을 용인했을 것입니다. 특히 어머니가 엄격한 경우 아버지에게 의존적이게 되는 경우가 많습니다. 어머니께 받지 못한 인정을 아버지로부터 갈구하는 것이죠.

이때 아버지가 딸을 무조건적으로 수용해서는 안 됩니다. 이로 말미암아 요즘 유행하는 '딸 바보 아빠'가 관계에서 마냥 좋지는 않을 수 있습니다. 아버지가 의사 결정을 할 때 딸의 의견을 우선시하고 배우자의 의사를 무시하는 상황이 벌어진다면 부부의 관계 악화로도 이어집니다. 부부 관계의 악화가 딸에게 긍정적인 영향을 미치지는 않겠죠.

이런 아버지의 딸로 자란 아이는 지나치게 의존적인 성인으로 성장할 우려가 있습니다. 모든 사람이 자신을 수용해 줘야 한다고 생각하는 것입니다. '내 아버진 그렇지 않았는데'라는 마음으로 남자 친구나 친구에게도 무조건적인 수용을 요구하게 되죠.

상대방에게 좀 더 간섭하고 싶지만 행동으로 옮기지 못하는 사람들은 어떨까요? 이들은 상대방이 나를 떠나갈까 봐 드는 불안한 마음을 자기 안에 꼭꼭 숨기고, 통제하려는 의도를 바깥으로 꺼내지는 못합니다. 대신 망상을 합니다. 소위 '염탐한다'고 하죠? 갈수록 SNS가 잘 발달돼서 상대방의 상황을 염탐하기 쉽습니다. 그러고는 온갖 생각을 다 하고 추측합니다. 혼자 상대방의 감정

사랑한다는 이유로
상대방에게 무조건 약자가 되는 사람에게도
상대방을 무조건 지배하려는 사람에게도
사랑은 가장 어려운 과제입니다.

을 추측하고 실망해 헤어져야겠다고 생각하는 사람도 있습니다.

사랑의 표현과 강도에도
단계가 있다

아들러는 "타인에게 기여할 수 있는 능력을 갖춘 사람이 사랑과 결혼에서도 성공할 수 있다"라고 했습니다. 사랑에는 헌신과 수고가 따르기 때문이죠. 반면 자기애가 강한 사람들은 결혼 생활을 순탄하게 이어 가기가 어렵습니다. 사랑을 원하고 자신의 욕구를 끊임없이 충족받길 바라지만 다른 사람과 협력하거나 배려하는 마음이 약하기 때문이죠.

그래서 우선은 서로를 많이 이해하도록 노력해야 합니다. 서로가 어떤 욕구를 가졌는지를요. 성격 차이뿐 아니라 각자가 불편할 때 어떤 태도를 취하는지도 알아 둡시다. 한 사람은 심한 불편감을 느낄 때 시간을 두고 혼자서 회복이 필요하다면, 다른 한 사람은 상대방과 말을 하면서 자신의 불편함을 풀어 갈 수도 있습니다. 이럴 때 상대방에게 왜 그러냐며 나무라지 말고, 서로의 차이를 인정하고 존중하는 태도가 필요합니다.

서로의 욕구를 이해하고 난 후에는 어떻게 해야 할까요? 아들러는 말합니다.

"사랑에서 나타난 갈등을 해결하는 데 가장 좋은 치료제가 친밀감이며, 서로에 대해 관심을 두고 그 관심을 일상에서 확장할 때 친밀감이 돈독해진다."

자신의 욕구와 상대방의 욕구 사이에서 줄타기를 잘하는 것이 중요합니다. 상대방에게 자신의 감정을 잘 전달하면서도 그의 감정에 공감해 주기도 해야 하는 것입니다. 특히 나는 관심이 없는 분야여도 상대방의 관심사일 때 이에 대해 함께 관심을 두는 것이 연인과 부부 사이를 좋게 하는 하나의 방법입니다.

예를 들어 등산을 싫어하는 자신에게 배우자가 함께 가자는 제안을 했다고 가정해 봅시다. 이럴 때 상대방을 실망시키고 싶지 않아 따라는 갔지만 원치 않는 산행이라 영 즐겁지만은 않습니다. 이럴 때는 어떻게 표현하면 좋을까요? 한번 이렇게 해 보세요.

"오늘은 자기가 여기 오자고 해서 오면서 좀 힘들었어. 그래도 자기가 산을 좋아하고 나도 와 보니 기분이 전환돼서 참 좋아."

상대방을 존중하면서도 나의 의사를 표현하는 방식의 말하기가 되겠죠. 당신이 그의 입장을 존중해 줬으니 상대방도 다음번에는 당신의 의견을 더 따라 주고 싶다는 생각을 할 것입니다.

덤으로 상대방이 좋아하는 것을 함께하거나 관심을 두면서 친밀감도 두터워지겠죠?

본인은 싫어하지만 남편이 좋아해서 매일 생선을 굽는다는 신혼 여성을 만난 적이 있습니다. 그 여성은 적극적으로 노력하고 행동하고 헌신하는 방법으로 사랑을 표현하는 것입니다.

취미를 공유하는 것 외에 삶의 가치관을 공유하고 의미를 찾는 것도 권합니다. 젊은 커플의 경우 현실에 치여 이런 대화를 도외시할 수도 있겠습니다만, 서로의 가치와 의미를 공유하는 대화는 친밀감을 더욱 높이고 서로에 대한 관심을 극대화하는 방법입니다.

사랑을 표현하는 중요한 수단은 의사소통이죠? 그러나 우리는 사랑을 표현하거나 사랑의 언어를 전달하는 것에 어색함을 많이 느끼기도 합니다. 특히 어릴 때부터 훈련이 되지 않으면 더 어렵습니다. 하지만 꼭 언어가 아니라도 좋습니다. 몸짓이나 눈빛, 하다못해 SNS상에서 이모티콘을 사용하는 것도 방법입니다.

—

상대를 위해 할 수 있는 한 노력하는 것이 사랑일지도 모른다.

17

새로운 관계에는
새로운 방식이
필요하다

동거

"공동체가 아닌 곳에서 인간이 존재한 적은 없다. 신뢰감, 충성심, 솔직함, 진실에 대한 사랑, 이 밖에는 보편타당한 원칙으로 유지될 수 있다."

올해 초, 한 방송사에서 동거에 대한 관찰 예능 프로그램을 방영했습니다. 실제 커플이 동거를 시작하고 함께 지내는 과정에서 벌어지는 사건들을 보여 주는 내용이었는데요. 지상파 채널의 프로그램으로까지 편성된 걸 보면 그만큼 동거가 대중적인 현상이 됐다는 걸 의미합니다.

실제 우리나라에서도 동거에 대한 인식이 바뀌었습니다. 비혼 동거에 대해 20대 89.7%, 30대 81%, 40대 74.3%가 동의한 것으로 나타났습니다. 연령이 낮을수록 동거에 대한 선호도가 높았습니다.

결혼 제도에 대한 부정적 인식이 커지면서 동거가 결혼의 대안으로 떠오르고 있습니다. 요즘 세대는 결혼한 이후에 벌어지는 사건들, 예를 들면 출산, 양육, 부모님 부양 등의 의무로부터 자유로워지고 싶어 합니다. 그러면서 결혼해야 한다는 인식이 사회에서 점차 사라지고 있습니다. 대신 실생활에서 동거 관계에 속한 경우도 사실적으로 부부 관계로 인식되고 있습니다.

이는 가족에 대한 가치관이 젊은 층으로 갈수록 점차 변화하고 있음을 의미합니다. 젊은 층의 가족 가치관이 개방적이고 다양성을 수용하는 방향으로 발전하고 있습니다. 이전에는 가족의 의미가 법적이고 규범적인 구속력(결혼 제도)에 의해 영향을 받았습니다. 그러나 이제는 가족의 의미가 생계나 주거의 공유 또는 정서적인 친밀한 관계로 확대됐습니다. 또 혼전 성 경험의 연령도 점점 낮아지고 있습니다.

아들러는 요즘 젊은 층의 달라진 가족 가치관을 반길 것 같습니다. 남녀 관계에서 평등을 강조했기 때문입니다.

구속 대신
소속이 필요한 지금

요즘 커플들은 왜 결혼 대신 동거를 선택할까요? 이들이 동거를 결혼의 대안으로 여기는 것은 성 규범의 변화, 결혼과 가족 제도에 대한 회의감, 여성의 고학력화, 남녀 관계 평등화 등 다양한 요인으로 분석됩니다. 그중 크게 2가지를 이야기할 수 있습니다.

첫 번째, 경제적 규범으로부터 자유롭기 때문입니다.

동거 커플에게 이에 관해 물으면 '내 집 마련 비용, 결혼식 비용 등을 마련하는 것이 부담스러워서', '같이 살아 보면서 상대에 대한 확신을 먼저 갖기 위해서', '결혼 규범과 제도에 얽매이고 싶지 않아서', '자녀 출산을 하지 않을 것이기 때문에' 등 다양한 답변을 내놓습니다. 요약하자면 경제적 부담이 크고 전통적인 가족 규범에 얽매이기 싫어서 동거를 선택하는 것입니다.

동거를 하는 사람들은 기존의 결혼 제도에 질려 버렸을 가능성이 높습니다. 실제 동거자들 중에서는 결혼한 사람들에 비해 성 역할 태도에서 비전통적이거나 비전통적인 태도를 보인 부모를 뒀거나, 이혼한 사람들이 많습니다. 전통적인 결혼 제도에 얽매였을 때 부정적인 모습을 봤거나, 전통적인 결혼 제도를 따르지 않고 살아도 괜찮다는 것을 알게 되면 동거를 결심하기 쉽겠죠? 실제 동거 파트너들은 결혼한 부부와 같은 방식의 헌신을 하지 않으려고 합니다. 동거의 목적이 낮은 책임감과 낮은 의무감과 결부돼서 서로에게 헌신의 정도도 낮은 것입니다. 다만 서로 책임과 헌신이 크지 않은 만큼 동거의 위협 중 하나는 친밀한 파트너의 폭력이 더 발생할 수 있다는 것입니다.

두 번째, 소속감 때문입니다.

표면적으로 동거 커플은 '생활 비용을 절약하고', '서로에게 느슨한 책임 관계를 유지하기 위해' 동거를 한다고 합니다. 하지만 시간이 지나고 동거 기간이 오래될수록 서로에 대한 소속감과 책임감이 증대돼 부부 관계로 인식한다는 연구 결과가 있습니다. 실제 20대 96.2%, 30~34세 97.9%, 35~49세 100%가 동거 상대를 혼인한 부부 관계로 생각한다고 합니다. 즉 서로를 '가족'으로 인식하고 스스로 가족에 속해 있다고 보는 것입니다.

아들러는 사람이 일차적으로 느끼는 욕구가 '사회적 집단에 소속되고자 하는 욕구'라고 했습니다. 동거 커플이 서로에게 소속감을 갖는 것도 이런 일차원적인 욕구에 의한 자연스러운 현상이라 볼 수 있습니다. 이때 소속감은 같은 반, 같은 직장 등 단순히 물리적으로 같은 그룹에 속해 있는 상태가 아닌 주관적이면서도 내재적인 상태를 의미합니다. 이런 느낌은 자신의 심리·정서적인 면에 영향을 줄 뿐 아니라 상대방과의 상호 의존성에 대한 인식을 강화합니다.

　동거는 결혼보다는 상대방 가족에 대해 책임 의식이 낮고 파트너와의 친밀도나 만족도에 초점을 둡니다. 하지만 결국 동거도 서로를 부부로 인식하게 돼 소속감과 상호 의존도가 높아지게 됩니다. 그래서 관계의 질이 중요합니다.

관계의 모습은 변해도
관계의 우선순위는 변하지 않는다

"개인이 어떤 조직에 속해 있다는 소속감이 해당 개인의 노력에 의해 얻어질 수 있는 것인가? 아니면 조직에 속함과 동시에 형성되거나 주어진 것인가?"

　드라이커스는 소속감을 이렇게 구분했습니다. 동거는 서로를 선택한 것입니다. 서로가 우선순위이므로 동거 생활을 잘 유지하기 위해 가장 중요한 것은 서로에 대한 존중입니다. 하지만 서로가 예민하고 마음의 여유가 없어지면 존중감을 일정하게 유지하기가 어려워질 수도 있습니다. 그래서 동거할 때 서로가 합의해 지켜야 할 규칙을 정해야 합니다.

특히 동거 파트너 사이에 가장 많이 발생하는 갈등은 부모님과의 관계 문제입니다. 여전히 부모 세대는 전통적인 가족관을 갖고 있기 때문에 동거에 대해 부정적으로 생각할 수 있습니다. 각자의 부모님에게 두 사람의 관계, 동거 파트너와의 관계 유지에 대해 어떻게 설명할지 미리 합의하는 것이 중요합니다. 또한 '명절에는 각자 어디에서 어떻게 보낼지 정하기', '부모님에게 서로 함께 사는 파트너로 소개하며 결혼에 대한 강요 받지 않기' 등이 있겠습니다.

사회에서도 아직 동거 커플에 대해 부정적 인식이 있습니다. 특히 직장에서 '동거한다'는 소문이 날 경우 부정적인 편견을 받을 수 있는데요. 이때도 서로의 존재로, 사랑으로 감내할 수 있도록 해야 합니다. 그러려면 두 사람의 관계가 굳건해야겠죠. 부부와 마찬가지로 어려움을 감당하기 위해서는 둘의 소통이 중요합니다.

아직 동거를 시작하지는 않았지만 동거할 계획이 있는 커플은 한번 스스로를 돌아보세요. 나 자신에게도 동거에 대한 선입견이 있을 수 있습니다. 그 선입견 때문에 수치심을 갖지는 않는지 확인해 보고 혹여나 갖고 있다면 그 수치심까지 감당할 수 있는지를 고민해 봅시다. 만약 수치심을 감당하기 어렵다면 동거를 하지 않는 것이 나을 수도 있으니까요.

동거 커플들, 당신은 혼자보다는 둘이 더 낫다는 결론을 내리고 동거를 시작했습니다. 동거하면서 서로의 행복을 위한 책임감이 필요합니다.

———

공동체는 유지되며 변화하고 제한되기도 하며,
가족을 넘어 더욱 다양한 모습으로 확장된다.

18

.

사랑은
두 사람이 함께
풀어야 할 과제다

결혼

"사랑받고 있음을 아는 것은 심리적으로 매우 중요한 순간이다. 이는 상대방에 대한 지속적이고 배타적인 관심으로 자신을 내주고 다른 사람을 받아들이려는 욕망으로, 함께이기 위한 소망이 특징이다. 그러나 상대방에 대한 우리의 태도가 변할 때마다 사랑의 존속은 위협받는다."

'이 사람과 함께하면 내 부족한 부분이 채워질 거야.'
'나랑 비슷한 생각을 나눌 수 있는 사람이라 불화 없이 행복할 거야.'

우리는 모두 상대에게 기대하는 바를 갖고 결혼을 합니다. 우리가 결혼 대상으로 택하는 사람은 자신이 어릴 때부터 중요시하던 것을 갖춘 사람, 즉 자신과 가치관이 비슷한 사람입니다. 또다른 조건으로 나에게 부족한 것을 채워 줄 수 있는 사람입니다. 드라이커스는 이렇게 말했습니다.

"가족을 만드는 대표적인 방법은 남성과 여성이 만나 결혼하는 것이다. 이들은 왜 가족을 이룰까? 각자 가진 신체적, 정서적, 사회적 자원으로 서로의 약점을 보완하고 싶어서다."

평균적으로 결혼한 사람이 경제적으로 더 많은 재원을 소유한다는 연구 결과가 있습니다. 결혼한 사람은 혼자인 사람들보다 안전 지향적이고 정서적으로 안정돼 있다고 합니다. 생활 습관도 규칙적이고요. 결혼한 사람이 더 오래 살고, 동거 중이거나 연애 중인 커플에 비해 결혼한 부부들이 성관계를 갖는 횟수도 많고 성관계 만족도도 더 높다고 합니다.

그런데 결혼을 한 뒤 내 욕구를 상대방이 인정하고 수용하지 못하는 경우가 많습니다. 나의 부족한 부분을 받아들이고 채워 줄 줄 알았던 배우자가 오히려 그 점을 공격합니다.

'당신은 왜 이렇게 참을성이 없어?'

'넌 왜 제 시간에 준비를 하지 않는 거니?'

이렇게 되면 나의 결핍은 해결되지 않은 채 남아 있게 됩니다. 아이러니한 것은 결혼 전에 자신을 매료시킨 모든 것이 친밀한 관계에서는 갈등을 일으킬 수 있다는 점입니다. 즉 그 사람과 내가 좋아하는 여러 가지를 고려해 결혼하는데, 또 그 점들 때문에 갈등도 발생하는 것입니다.

내가 행복해지려면
상대도 행복해야 한다

어머니의 외도로 부모님이 이혼한 민수 씨. 민수 씨는 아버지하고만 어린 시절을 보내면서 자기와 친밀한 관계를 맺은 누군가가 언제든 자신을 떠날 수 있다는 생각을 안고 살았습니다. 그래서 연인과 잠시 떨어져 있는 동안에 연락이 되지 않으면 불안하고 초조해합니다. 언제든 자기 몰래 바람을 필 수 있다고 의심하기도 하고요.

그래도 다행히 민수 씨는 자신을 깊이 사랑하는 배우자를 만나 결혼했습니다. 하지만 여전히 마음속에 의심의 씨앗은 사라지지 않았습니다. 배우자가 자는 동안 휴대 전화를 몰래 보기도 하고 SNS 계정에 접속해 누구와 대화를 나눴는지도 살펴봅니다. 민수 씨의 배우자는 이 사실을 알고 화를 냅니다. 민수 씨는 울면서 용서를 구합니다.

"널 사랑해서, 잃을까 봐 불안해서 그랬어."

삼류 드라마 혹은 부부 갈등 고민을 나누는 예능 프로그램에서 흔히 보던 장면인가요? 자기의 결핍을 상대로부터 채우려다가 사달이 난 대표적인 사례라고 볼 수 있습니다.

아들러는 우리가 "자신의 우월성을 유지해 주고 결핍을 채워 줄 사람에게 사랑을 갈구한다"라고 했습니다. 우리는 결핍된 욕구와 채워지지 않는 허기를 상대방에게서 찾으며, 상대방이 내가 원하는 대로 살아가길 종용합니다. 내 안의 오래된 결핍이 나를 흔들어 대는 것이죠.

이런 태도는 나도 그도 온전히 인정하고 수용할 수 없도록 합니다. 표현이 익숙하지 못해서 의도와는 달리 관계가 더 멀어질 수도 있습니다. 상대방을 존중하고 사랑하는 마음이 있지만 표현하지 않거나 왜곡된 방식으로 하면 상대방은 제대로 알아채지 못할 수도 있으니까요.

상대가 무언가를 해 주지 않았거나 거절했을 경우 욕구 불만, 자책감, 상처와 분노 등의 감정이 생깁니다. 이때는 상대방을 격려하고 위로하기보다는 결점을 먼저 찾아냅니다. 화가 난 원인이 상대방에게 있기 때문에 화를 내는 것이 정당화되기도 합니다. 사례에서 민수 씨는 자신의 불안감을 서로 간 존중감을 무시하는 데 합리화하는 도구로 쓰고 있습니다. 아들러는 말합니다.

"배우자를 우러러보거나 깔보지 않으며 동등함으로 사랑하라. 또 상대방에게 당신이 할 수 없는 불가능한 완벽성을 바라지 마라. 천사가 아니라 여자를 사랑하며, 허깨비가 아니라 남자를 사랑하라. 자신들을 하나 또는 둘로 생각하지 말고, 2인 1조로 생각해 주지 않으면서 받지만 말고, 받지 않으면서 주지만 마라."

부부 상담을 하다 보면 너무 갈등이 심해서 '어떻게 참고 살았나' 하고 생각이 드는 부부들이 꽤 있습니다. 이들이 이렇게 참을 수 있었던 건 여전히 상대방에게 기대하는 바가 남아 있기 때문입니다. 역설적으로 갈등을 이어 나가면서도 아직 헤어지지 않은 부부는 서로 관계를 개선하고자 하는 의지가 있다는 의미입니다. 그렇다면 이런 부부에게는 어떤 솔루션이 필요할까요?

그 모습이 어떻든지
당신은 사랑과 소속감을 가질 자격이 있습니다.

사랑하는 사람과
관계를 회복하는 방법

첫 번째, 부부가 서로 합의하에 지켜야 할 약속을 정해 보세요.
서로가 존중하며 일상을 살기 위한 공동의 약속입니다.

- 화가 나도 끝까지 상대방의 말을 듣는다.
- 어떤 순간에도 상대에게 소리 지르거나 폭력을 쓰지 않는다.
- 상대방의 실수를 공격하지 않는다.
- 서로가 각자의 영역에는 침범하지 않는다.
- 양쪽 부모님에게 1주에 1번 전화한다.
- 곤란한 문제는 회피하지 않으며 서로 의논해 해결한다.
- 서로의 취미 활동을 존중한다.
- 자녀 양육에 대한 태도와 방식은 서로 의논해서 같은 목소리를 낸다.
- 서로만의 시간을 갖는다.
- 귀가 시간은 합의해 결정하며, 지키지 못할 상황에는 반드시 전화로 미리 양해를 구한다.

두 번째, 상대에게 처음 매력을 느꼈던 이유를 돌아보세요. 게임을 활용해 보는 것도 좋은 방법이죠. 매달 1번 혹은 매주 1번 서로를 유혹하는 시간 '유혹 데이'를 정해 놓고 처음 상대방에게 매력을 느꼈던 상황을 서로 얘기해 봅니다. 과거의 상황으로 돌아가서 실제 유혹하는 상황극을 해 보는 것도 재밌겠네요. 상대방이 유혹할 때 어떤 기분을 느끼고 어떻게 반응할지에 대해 이야기를 나누면서 친밀해질 수 있습니다. 또 왜 상대방을 배우자로 택했는지 그 의미를 다시 한 번 되새길 수 있을 것입니다.

세 번째, 함께할 미래에 대해 얘기해 봅시다. 부부는 함께 삶의 의미를 만들어 가고 내일에 대한 희망과 비전을 공유하며 같은 꿈을 꿀 수 있는 존재입니다. 자녀들을 키우면서 하는 속앓이, 이를 극복한 후에 추억거리로 이야기할 수 있는 것도 모두 부부라서 가능한 일입니다. 궁극적으로 서로의 꿈, 가치관, 포부 등을 솔직하게 이야기하고, 서로의 미래가 발전적일 수 있도록 돕는 존재로 나아가는 것이 이상적인 부부의 모습이겠습니다.

아들러는 자신의 결혼 생활이 잘되기 위해서 상대방의 결혼 생활도 잘돼야 한다고 했습니다. 나만의 행복이란 없으며 부부는 상호 존중을 하면서 협력해 가야 한다고 했습니다.

———

사랑에서는 평등이 당연하며 서로 헌신하는 감정이 필요하다.

19
·
인간은
누구나 계속
존중받아야 한다

출산과 양육

"부모로서 당신은 매우 중요한 역할을 합니다. 자녀들이 가족과의 소속감, 연대감을 가지며 성장할 수 있도록 하는 단 하나의 존재입니다."

예진 씨는 어려운 공무원 시험을 몇 년간 준비했고, 다행히 첫 번째 시험에서 모두 통과했습니다. 같은 직장에서 남편을 만나 결혼 후 1년이 좀 지나서 자녀를 출산했습니다. 어릴 때 부모로부터 충분한 돌봄을 받지 못해 아쉬워하던 예진 씨는 자녀 출산과 동시에 직장을 그만뒀습니다. 그리고 첫애를 낳은 후 1년 후에 둘째를 낳았습니다. 어서 두 아이를 키워 놓고 다시 직장 생활을 할 계획이었습니다. 하지만 남편 한 사람의 급여로는 자녀들을 충분하게 학원 보내면서 키울 수가 없었고, 집도 마련해야 한다는 부담감에 얼른 직장으로 돌아가야 했죠. 아이들을 두고 다시 직장으로 돌아가려니 발길이 떨어지지 않습니다.

"완벽한 어른도 완벽한 아이도 없다."

아들러는 말했습니다. 어떤 어린 시절을 보냈든 완벽한 성인으로 성장하기는 쉽지 않다는 뜻이죠. 성인기 최대 난제 중 하나인 육아 방법 또한 제대로 배우지 못한 채 부모가 되는 경우가 태반입니다.

결혼 후 얼마 지나지 않아 아이를 출산하면 단순히 육아에 대한 어려움만 겪는 것이 아니라 부부 관계에서의 어려움까지 이중고를 겪습니다. 신혼 초의 부부는 아직 관계가 안정적이지 않은 경우가 많습니다. 소유권, 주도권, 경제권에 대한 생각이 서로 다를 수 있고, 상대방보다 우위를 점하려는 시기라 다툼과 갈등을 겪기도 합니다.

특히 부부 중 한 사람이 육아를 전담해야 할 때 부부간 갈등의 골은 깊어집니다. 다른 곳에 육아를 부탁 못 할 때는 한 사람이 직장을 그만둬야 하는 경우가 생깁니다. 가부장적인 가정에서 자란 남성의 경우는 자녀 양육을 위해 그의 어머니와 가족이 그러했듯이 아내가 육아를 전담하는 것을 당연시합니다. 그러나 현대 여성들은 남성들과 마찬가지로 사회에서 쓸모 있는 임금 노동자로 양육됐습니다.

내 인생이
완전히 바뀐다는 두려움

심리학계에서는 중요한 발달 단계를 거치는 3세 이전까지 주 양육자인 엄마와 시간을 보내는 것이 중요하다고 합니다. 인간의 전 생애 주기에서 출생 후 36개월까지는 무척 많은 성장이 이뤄지면서 부모와 애착 관계를 형성하는 중요한 시기입니다. 이 시기는 신체, 인지, 정서, 사회 등의 발달 기초가 되는 때입니다. 엄마가 행복하면 유아도 행복감을 느끼며 아이의 자존감과 긍정적인 정서가 발달합니다. 그러나 엄마가 자녀 양육에 대해 불만족하고 경제 생활에 더 우선순위를 두면 아기에게 부정적 정서가 발달합니다. 또 엄마의 정신 건강, 부부 관계, 양육 태도와 양육 방식, 가치관 등은 그대로 자녀 성장에 영향을 줍니다.

실제 생후 12개월까지 엄마와의 긴 이별 경험은 향후 '애정 없는 성격'과 청소년 일탈의 요인이 된다는 보고도 있습니다. 부모와 떨어져 있는 것이 어린 아동에게 미치는 영향을 알아보기 위한 임상 실험에서 어린아이들은 부모와 분리된 뒤 맨 처음에는 울고 매달렸습니다. 그 뒤에는 부모가 돌아올 것이라는 희망을 상실해 좌절감을 보였습니다. 이후 부모와 재회를 했지만 무관심하게 거리를 두는 모습이 관찰됐습니다.

그래서 아이는 위협을 받거나 위험에 처하거나 괴로워하거나 아플 때 기본적으로 안전감, 안정감을 위해서 엄마를 찾습니다. 엄마라는 존재와 역할은 위험과 고통이 왔을 때 안정과 편안함을 제공해 주기 때문에 한 인간의 평생에 걸쳐서 매우 중요합니다. 할머니나 다른 가족들이 육아해 준다고 해도 주 양육자는 엄마가 권장되는 이유입니다. 아이들은 신체적인 돌봄뿐 아니라 정서적, 경제적 돌봄이 모두 수반돼야 합니다.

이런 이유로 여성이 일을 그만두는 경우가 많습니다. 게다가 가사 노동은 아직도 여성에게 당연하게 주어지는 책임과 역할이라고 인식하는 비율이 높습니다. 남편은 '도와주는 사람'이라는 인식이 아직은 깊다는 것입니다.

여성에게 자녀는 경제적인 비용이자 새로운 스트레스와 긴장을 초래합니다. 결혼으로 인한 육아 및 가사의 문제가 경제 활동을 어렵게 하는 요인이 됩니다. 여성도 최고 수준의 교육을 받고 결혼 전까지는 자신의 자존감과 전문성을 향상하기 위해 끊임없이 달려왔는데, 결혼 이후 결혼 전 노력과 성취를 포기하게 되는 것입니다. 훌륭한 임금 노동자로 자라 온 많은 여성에게 '독박 육아'는 수용하기 어려운 일입니다.

30대의 엄마들은 자녀를 양육하는 동안 경력이 단절되는 위기가 있습니다. 자녀를 얼마만큼 양육하고 나서 직장을 다녀도 자녀의 발달 단계당 엄마의 역할이 다르게 필요하기 때문입니다. 직장에서도 육아에 대한 대화를 자유롭게 할 수 없습니다. 남성이 많은 부서나 조직 분위기가 수직적인 곳은 육아 휴직에 대해 말할 때 눈치를 봐야 하죠.

기업의 규모가 작을수록 엄마의 입지는 더욱 좁아집니다. 직원의 육아 휴직 동안 기업주는 다른 사람을 채용하거나 조직 내에서 대체해 메꿔야 하나 기업 사정상 여유롭지 못한 경우가 대부분입니다. 정부의 보조가 있다고 해도 불황에는 육아 휴직이 쉽지 않죠. 남성의 육아 휴직은 더욱 어렵습니다. 조직 차원에서 권장한다고 해도 자신에겐 불이익이, 동료들에겐 폐가 될까 봐 눈치를 많이 보게 됩니다. 이래서 출산이 꺼려지는 것이죠.

예쁘고 사랑스러운 자녀를 보며 출산과 육아에 대한 결정을 두고 스스로를 위로하다가도 결혼을 하지 않고 직장에 다니는 친구들의 이야기를 들으면 자신만 사회에서 도태되는 것 같다고 느낍니다. 남편에겐 이런 말을 하기도 어렵고, 공감받지 못하는 자신이 원망스럽기까지 합니다.

떠안지 않고 떠넘기지 않을 때 책임을 다할 수 있다

물론 자녀를 양육하며 얻는 보상도 무척 큽니다. 우신 성취감을 느낄 수 있습니다. 자녀와 함께 상호 작용하며 정서적으로 만족할 수 있고, 양육하면서 얻는 기쁨과 애환이 삶을 더욱 가치 있고 풍요롭게 합니다. 자녀를 양육하면서 부모도 같이 성장합니다. 가족에 대한 사랑과 유대감이 더 높아지고 가족 안에서 자신의 위치에 대한 소속감과 안정감도 생깁니다. 나와 사랑하는 사람이 새롭게 가정을 이루고 자녀를 출산하면 삶과 사랑의 패러다임이 달라집니다. 자녀와의 사랑을 위해 부부는 헌신하면서 둘의 사랑 이야기를 가족으로 확장합니다.

그 전에 명심해야 할 점이 있습니다. 결혼은 삶의 일부이며, 올바른 결혼 생활은 두 사람의 잠재력이 기본이 돼야 하며, 부부는 같은 수준으로 성장해야 합니다. 모든 인간관계는 서로의 성장에 보탬이 돼야 지속 가능합니다. 부부 관계도 마찬가지입니다. 부부 중 한쪽에만 책임이 떠넘겨지고 성장의 기회가 줄어든다면 그 관계는 오래갈 수 없습니다. 조건적, 시간적 제약에 따라서 여성이 육아를 전담할 수밖에 없는 때도 있겠지만 남성은 육아에 대한 역할과 책임을 함께 나눠야 합니다.

이때 부부간 소통이 중요합니다. 육아와 관련해 언어적으로, 비언어적으로, 몸으로, 분위기로, 자신의 의사 표현을 해야 합니다. 각자 원하는 것을 이야기하고 서로 협의하고 조율하는 과정이 필요합니다. 부부가 서로 합의를 마쳤을 때 아이에게도 긍정적인 영향을 주는 육아를 할 수 있습니다.

특히 아이가 태어난 후 3년간은 발달 단계 기준으로 중요한 시기이기에 부부가 더 협조해야 합니다. 자녀가 건강하게 발달할 수 있도록 관련 교육이나 책을 읽는 등 육아에 참고할 만한 지식을 습득하는 데 더 신경을 써야 합니다.

—

반쪽짜리 헌신에서 행복을 얻을 수는 없다.

20

.

누구나 대접받고
사랑받고
인정받아야 한다

차별

"모든 사람은 평등하게 창조됐으며 개인은 존재 자체로 온전
하고 완전하다."

아들러는 "가족 구성원 각각이 가족 집단 내에서 스스로의 위
치, 위상을 확인하고 이를 고수하려고 노력한다"라고 했습니다.
그래서 그는 "각자가 생각하는 경쟁 상대인 형제들을 잘 살피고,
실패와 성공을 잘 관찰하고 파악하려고 노력한다"라고 했죠.

실제 아들러는 형에 비해 몸집이 작았고, 자주 아팠으며, 학업
면에서도 뒤처졌습니다. 형의 우월함을 추월할 수 없었던 아들

러는 심리적으로 연약했기에 부모는 심약한 아들러에게 관심을 쏟을 수밖에 없었습니다.

그런 아들러는 "인간은 태어난 후 몇 년간은 너무 취약하다"라고 했습니다. 아이는 영유아기 때 엄마와의 관계에서 자신과 세상, 삶에 대한 기본적인 태도를 정립해 나가는데요. 이때 어떤 처우를 받았는지에 따라 평생의 삶의 태도가 결정되기도 합니다. 출생 순서나 성별에 따라서도 세상을 보는 관점이 많이 달라집니다. 그래서 부모는 자녀가 신생아 때부터 삶에 대한 잘못된 견해를 갖지 않도록 적절히 환경을 조성해 줘야 합니다.

가족은 서로의 거울이다

아들러는 오스트리아 빈 근교에서 유대인 중산층 상인인 부모 사이에 4남 2녀의 둘째로 출생했습니다. 아들러는 형과는 몸과 체력 경쟁에서 이길 수 없다고 판단해 학업을 택했다고 합니다. 하지만 그는 자신의 약점을 강점으로 발전시켰습니다.

1888년 아들러는 빈대학에 입학해 의학을 전공했는데 정치, 경제, 사회학 등에도 두루 관심을 가졌습니다. 그러면서 자연스럽게 불평등에 대한 관심도 커졌는데요. '계급론'을 강조한 마르크

스의 저서들도 읽고 공부했으며 사회주의학생연합의 회원으로
도 활동했습니다. 의사가 된 후 병원도 사회의 약한 사람들을 위
해 중산층의 노동자들이 사는 곳에 개원했습니다.

아들러는 인간이 가족 구성원과의 관계에 의해 '서열'에 대한
자기만의 독특한 인식이 생긴다고 봤습니다. 특히 형제 관계가
인간의 성격과 대인 관계 발달에 크게 영향을 미친다고 했는데
요. 가족 구성원들은 가족이라는 집단을 형성하는 조직원이며,
동일한 집단에 속한다고 볼 수 있습니다. 하지만 구성원 각각이
느끼는 타인과의 사회적인 관계와 환경의 의미는 다를 수 있습
니다.

그래서 한 가족 내에서도 구성원별로 서로 다른 독특한 경험과
상호 작용을 합니다. 한 사람이 우월한 분야에서 다른 사람은 열
세일 수밖에 없으며, 반대로 경쟁 상대가 약점을 보이는 부분을
치고 들어가는 모습도 보입니다. 인간이 불공평함에 대한 감각
이 발달한 것은 유아기 때부터 어떤 방식으로든 불공평함을 겪
었기 때문입니다. 형제간에 서로 경쟁하며 눈치를 보고 있는데
부모가 조금이라도 한 사람의 편을 든다면 다른 형제는 당연히
불공평함과 억울함을 느끼겠죠?

그래서 형제자매 관계를 좌우하는 데 부모의 역할이 중요합니
다. 부모는 자녀들을 공평하게 양육해야 합니다. 특히 부모가 자

녀 간의 다툼에 관여할 때는 특정 구성원만의 편을 드는 행위를 지양해야 합니다. 아무리 부모가 정당하고 공정하게 판결을 내린다고 하지만 받아들이는 자녀는 상대를 더 편든다고 생각합니다. 그러므로 부모는 가족 구성원들 사이에 화목하고 협력적인 분위기를 만드는 데 핵심적인 역할을 해야 합니다. 형제자매 간 갈등 상황에서 어떻게 극복해야 하는지, 서로 협력해 가족 공동체를 이루는 것이 각각의 가족 구성원들에게 어떤 의미가 있는지를 자녀들에게 충분하게 지도해야 합니다.

차별이라는 대물림을 막는 방법

직장 생활 10년 차 은주 씨는 늘 자기가 뒤처져 있다고 느낍니다. 상사가 자신보다 늦게 입사한 지훈 씨를 편애하기 때문이라고 생각하는데요. 지훈 씨가 성과도 높고 자신보다 진급도 더 빠른 데는 분명 이유가 있는 것 같았습니다. 상사가 쉬운 일만 주기 때문입니다. 은주 씨는 늘 어렵고 많은 시간과 노력이 필요한 일만 맡게 되는 것 같아 불공평함을 느낍니다. 은주 씨는 상사에게 건의해 봤지만 오히려 자신에게 더 좋지 않은 결과만이 돌아왔습니다.

그런데 은주 씨는 귀가해서는 자신의 상사보다 차별이 더 심한 사람이 됩니다. 자신을 닮은 큰아들보다 성적도 더 우수하고 활동적인 작은 딸에겐 모질게 대하죠. 자신도 모르게 차별적인 환경을 만들고 있다는 것을 인지할 때 은주 씨는 깜짝 놀랍니다.

한국의 50대 후반과 60대는 성 선호에 대한 경험을 받으면서 성장했는데, 이것이 학습돼 이들도 아들을 선호하는 경향을 보입니다. 하지만 이들의 자녀 세대에 해당하는 30대는 어릴 적부터 차별에 의한 불공정함, 불공평함에 예민하게 반응합니다.

아들러도 마찬가지로 평등, 특히 성별 간 평등을 강조합니다. 성차별은 인류에게 가장 오래된 차별입니다. 성별은 갖고 태어난 것이지 노력해서 얻은 것이 아닙니다. 그래서 아들러는 "남성의 우월한 지위는 자연적인 일이 아니다"라며 인간이 성별에 상관없이 그 자체로 존엄하며 인격적으로 존중받아야 한다고 했습니다.

다만 아들러의 목표가 20세기 초 남성과 여성에게 귀속된 성 역할을 바꾸고자 한 것은 아닙니다. 한 성별이 다른 성별에 대한 편견과 선입관으로 한 성별을 우월하게 만들지 않고 각 성별의 장점을 소중하게 생각하고 수용하자고 주장했습니다. 아들러는 말했습니다.

"관계에서 사회적 평등은 서로가 상대방의 삶을 편안하게 하고 풍요롭게 하는 노력이어야 한다. 이렇게 하면 각자는 안전할 것이며 다른 가치를 갖고도 서로가 필요하다고 느낄 것이다."

아들러 심리학에 영향을 준 독일의 철학자 한스 바이힝거의 말입니다.

"사회적 평등은 똑같다는 것에 관한 것이 아니다. 우리 중 누구도 같지 않다. 그것은 우리가 인간이라는 이유만으로 가치와 존중을 받을 동등한 권리가 있다는 것이다."

30대 개개인의 입장에서는 차별을 당하니 억울한 일이 많습니다. 그리고 누구나 자기의 편이 돼 주길 바랍니다. 억울함에 이성적인 판단은 통하지 않습니다. 개인의 입장에서 본다면 불공평하다고 느낄 때 억울함이 먼저 느껴지고, 그에 따라서 억울한 역사들이 생각이 납니다.

가장 중요한 것은 내가 나를 대하는 방식입니다. 나는 인격체로서의 나를 어떻게 대하고 있습니까? 나를 차별하진 않나요? 나의 억울함이 다른 사람에게 또 다른 억울함을 만드는 경우가 많습니다. 상처받지 않으려고 하면서 타인과 거리 두며 의도적으로

마음을 터놓을 곳이 없어서
차라리 나를 지우고 싶을 때일수록
나의 존재를 더 분명히
인식해야 합니다.

자신을 보호하는 입장이 되니까요. 억울함은 내 안에서 오랫동안 압도돼 온 감정이므로 먼저 순화해야 합니다. 이런 나를 받아들이는 것, 그리고 객관적으로 나를 바라보는 것, 상대방의 말과 행동을 사실대로 수용하는 것 등의 노력이 필요합니다.

—

나부터 나를 소중하게 여길 때
나쁜 관습이 대물림되지 않는다.

4장

무엇이
나를
나답게
할까

—

아들러의
자존감 훈련

ALFRED
ADLER

21

•

나는
누구와도
비교될 수 없다

자존감

"정신은 늘 상처받은 감정을 보상받기 위해 노력한다."

요즘 20대와 30대는 이전 세대보다 명품을 소비하는 데 거리
낌이 없습니다. 한 소비 트렌드 분석 센터에 따르면 명품을 처음
접하는 연령층이 대학생과 20대 사회 초년생과 직장인이 대다수
를 차지하는 만큼 명품 소비 시장도 주도하고 있습니다. 중고 명
품도 가리지 않는데요. 브랜드와 상품 자체가 중요하지, 품질은
상대적으로 중요하지 않다고 합니다. 오히려 단종된 상품은 오
래돼서 희소하다는 점 때문에 가격이 치솟기도 하고요.

그렇다면 왜 아직 구매력이 낮다고 인식되는 10대와 20대 저연령층과 사회 초년생이 명품을 살까요? 여러 가지 이유가 있을 텐데요. 명품 브랜드가 패션 업계를 선도하는 만큼 요즘 패션 트렌드에 뒤처지고 싶지 않아서기도 하겠죠? 혹은 '내가 이 정도는 소비할 수 있다'는 보상 심리일 수도 있습니다. 또 어쩐지 자신이 대단한 사람이라는 것을 증명했다는 기분을 느끼기도 할 겁니다.

아들러는 우리나라 사회 초년생이 명품을 소비하는 이유를 후자로 볼 것 같습니다. 아들러에 따르면 "모든 인간은 자신이 속한 집단, 사회에서 존재감이 드러나고 지위가 확고하길" 바랍니다. 그가 《신체 기관 열등》에서 신체적으로 열등한 부분이 있을 때 열등감이 생긴다고 본 것은 자신이 속한 집단에 자신보다 신체 조건이 더 나은 사람들이 있기 때문이고 그들과 비교하기 때문이었습니다. 그래서 이들은 열등감을 해소하기 위해 무엇인가로 스스로 보상하려고 행동한다고도 했는데요. 오늘날 대표적인 예시가 명품 소비라고 볼 수 있겠습니다.

불충분함을 보상하려는
심리와 낮은 자존감

30대는 그동안 사회에서 '좋은 것'이라고 규정하는 것을 성취하기 위해 살아왔습니다. 우리 사회에는 학령기, 성년기 등 시기마다 '해야 할 것'으로 규정한 것들이 있는데요. 그 해야 할 것을 해내기 위해 어릴 때부터 무한히 경쟁했습니다. 태어나서 어느 수준 이상의 학력을 위해 20대까지의 생애를, 그리고 어느 수준 이상의 인정받는 취업을 위해서 고군분투합니다. 사회에서 말하는 '좋은 것'을 성취하면 자신이 특별하고 차별화됐다고 느끼기 때문입니다. 즉 자아 존중감을 느끼기에 어려서부터 자신을 갈고 닦습니다.

사회학자 로젠버그가 말하는 자아 존중감도 위에서 말하는 자아 존중감과 의미가 비슷합니다. 자기 자신에 대한 평가를 내릴 때 얼마나 가치 있다고 생각하는지에 따라 자아 존중감이 '낮다' 혹은 '높다'고 이야기합니다. 인생에서 도전하며 대처해 나가는 유능성과 자신을 능력 있고 성공적이라고 믿는 정도, 자신의 가치에 대한 자기 평가를 뜻합니다.

C사의 백을 사기 위해서 아르바이트나 직장에서 일한 몇 개월치 월급 이상을 투자하거나 빚까지 지는 것은 단순히 과소비 성향으로만 설명하기 어렵습니다. 명품을 무리해서 사는 그 속마음을 들여다보면 겉으로 보이는 외모나 이미지가 타인에게 어떻게 평가되는지 중요하다고 생각하는 내가 있습니다.

SNS를 켜면 명품을 든 지인, 연예인, 인플루언서들이 보입니다. 그럼 '왜 나만 명품이 없지?' 하는 생각이 들고 상대적 박탈감을 느끼는 것이 사람의 마음입니다. 내가 그걸 갖지 않으면 어쩐지 부족한 사람처럼 느껴집니다. 그래서 본인이 정말 원하는지 원하지 않는지 모르는 데도 타인의 소비에 영향을 받아 명품 소비에 합류하는 것입니다. 이는 자아 존중감이 낮은 행동이라고 볼 수 있습니다.

그런데 왜 많은 사람이 자아 존중감이 낮아졌을까요? 크게 4가지를 볼 수 있습니다.

첫 번째, 자기에 대한 잘못된 주관적 인식과 평가 때문입니다.

늘 자신을 부족하다고 느끼면 못 한 부분에만 초점을 맞추게 됩니다. 내가 하는 일들이 전부 부족하지만은 않습니다. 어느 부분이 부족한 것이죠. 그런데도 스스로 부족한 부분에만 집중해 '나는 모자란 사람이야' 하고 그릇된 인식과 편견을 갖습니다. 이 편견을 버릴 때 현재의 나 자신을 그대로 수용할 수 있고 충분히 좋은 점도 발견할 수 있습니다.

두 번째, 자기 능력을 과대평가해서일 수도 있습니다.

타인이 인정해도 자신이 인정하지 못하고 만족하지 못하는 경우가 있는데, 이는 스스로를 '더 대단한 사람'으로 인식하고 있어서입니다. 스스로를 더 비대하게 평가하는 것이죠. 실현 불가능한 과도한 목표를 설정하고 늘 그 목표를 채우느라 허기진 분들도 계십니다. 이것이 심해지면 정신적으로 건강하지 못하게 됩니다.

세 번째, 타인으로부터 목표를 강요당해서일 수도 있습니다.

우리에게 목표를 강요하는 대표적인 타인은 부모님이죠. 부모 중에는 '사랑하기 때문에', '너를 위하기 때문에' 감당하기 어려운 요구와 강요를 하는 경우도 있습니다. 어린 시절, 부모님이 '다 너를 위해 공부하라는 거야' 하면서 하기 싫은 공부를 강요하는 일이 대표적입니다. 이럴 때는 그 기대를 다 맞추지 못한 자신에 대해 평가가 낮아질 수밖에 없습니다.

네 번째, 자신의 힘으로 바꿀 수 없는 환경에 낙담할 때입니다.

특히 유약한 어린 시절에는 거대한 존재였던 부모님의 행동이 영향을 미칩니다. 예를 들면 유년 시절 아버지가 술을 많이 마시고 어머니에게 폭력을 휘둘렀을 때 자신이 할 수 있는 것이 없어 무력해진 경험, 부모님의 이혼으로 동생들을 돌보느라 취미를 즐기지 못했거나 생활고에 시달린 경험 등 다양한 일이 있습니다. 이렇게 되면 자신을 무능한 존재처럼 느끼는 일에 익숙해집니다.

나 자신을 격려하고
응원해 주자

드라이커스는 "우리 사회가 요구하는 높은 기준에 도달하지 못하고, 적어도 어떤 영역에서 다른 사람보다 우월성을 유지하지 못한다면 실패라고 가정하는 것은 정서적 부적응과 사회적 부적응의 요인이 된다"라고 했습니다. 외적인 이미지로 타인을 판단하고 평가하는 경향이 높아진 시대의 흐름에 명품은 다른 사람과 나를 차별화할 수 있는 요소임에는 분명합니다. 명품을 걸치고 갖고 있으면 잠시 잠깐은 자신의 가치가 높다는 느낌을 받을 수 있습니다.

하지만 이것이 자신의 존재 목적이 될 수는 없습니다. 시간이 지날수록 명품을 소유해도 내적인 박탈감과 허전함은 쉽게 사라지지 않습니다. 나의 자아 존중감은 물질적인 것에 의해서 향상되지 않기 때문입니다.

아들러는 대체로 자기 자신에 대한 잘못된 판단이 자신을 더 열등하게 내몰고 있다고 했습니다. 자기 있는 그대로의 모습을 인정할 때, 자신만의 독자적인 능력을 발견하고 자신만의 가치를 만들어 나갈 때 박탈감을 해소할 수 있습니다.

물질로 충족하는 방법 대신 자아 존중감을 높이기 위한 다른 방법이 있습니다. 자기 자신을 격려해 보세요. 다만 칭찬은 하지 마세요. 칭찬과 격려는 다릅니다.

칭찬은 보통 무언가를 '잘' 했을 때만 하잖아요? 성적이 좋아서, 누군가를 도와서, 양보해서, 윗사람의 말을 잘 들어서 등등의 순간에 칭찬을 받습니다. 그런데 여기서 '잘했다'는 기준은 외부에 있습니다. 잘하는지 못하는지의 기준이 칭찬하는 사람에 의해 좌우됩니다. 칭찬을 받기 위해 애쓰면 늘 자신의 행동을 외부의 평가를 잘 받기 위한 데 초점을 두게 됩니다. 그래서 칭찬을 원할수록 더욱 외부 시선과 평가에 민감해지는 것입니다.

격려는 과정을 중시합니다. 그리고 행위보다 행위의 주체인 존재에 더 초점을 맞춥니다. 격려 대상에 초점을 맞춰 보세요. 격려는 존재를 인정하고 수용해 주며, 그 사람이 잘하든 못하든 노력한 부분을 인정해 주는 것입니다.

성인이 된 30대에게 더욱 필요한 것은 자신을 향한 격려입니다. 실시간 타인과의 비교가 자동화된 세상에서 어릴 때부터 무한 경쟁으로 지칠 대로 지친 자신에게 있는 그대로의 장점을 인

정하고 격려해 주는 것이죠. 나에 의해 더 상처받는 나를 위해
지금부터 명품 격려를 시작해 보세요.

—

현실과 멀어지면 계속 새로운 난관에 빠진다.
그러니 삶이 나에게 무엇을 요구하는지 알아야 한다.
그것은 나에게 가치 있는 일, 실질적인 일, 내가 나에게 하는 평가다.

22

인간은 일부러 미완의 상태를 자처한다

자기 인정

"나를 있는 그대로 인정하는 것은 참 어려운 일이다. 있는 그대로 괜찮은 모습보다는 늘 부족한 면이 더 크게 부각되기 때문이다. 태어날 때부터 부족한 사람은 없다. 발달하면서 주어진 환경 속에서 반복적으로 자신이 그 환경에 적응하는 데 부족함을 느끼는 것을 지속해서 경험할 때 '삶은 어떻게 살아야 한다'는 자신의 삶에 대한 모형이 고착화된다."

사람들은 자존심을 지키려고 일부러 일을 끝마치지 않을 때가 있습니다. 이게 무슨 말일까요? 과제가 주어졌을 때 기한 내에 완성하지 못하는 것이 습관인 사람이 있죠? 이들은 완성된 결과물을 내놨을 때 별로 좋은 평가를 받지 않을 것을 우려합니다. 그래서 아예 평가받는 상황을 피하는 것입니다. 미완성된 상태에서는 '완성하면 더 높은 수준의 결과물이 나올 것'이라는 기대감도 받을 수 있습니다. 다른 사람으로부터 '실력 없는 사람'으로 낙인찍히는 것보다 언제든 고평가를 받을 수 있는 여지를 열어두는 것입니다. '미완성된 B'가 '부족하게 완성된 B'보다 좀 더 낫다고 생각하는 것이죠.

아들러는 이런 심리 기제를 '자기 보호 경향성'이라고 했습니다. 자신이 예상되는 실패(안 좋은 평가)를 미리 방지하려고 자신의 책임이나 문제를 회피함(미완)으로써 결점(실력 없음)을 감추려는 것입니다. 즉 자기 기만적인 도피 행위입니다. 자기 보호 경향성이 강한 사람들은 과제를 완수하지 못한 핑계(이유)를 댑니다. 이런 사람들은 '내가 결함만 없었더라면, 내 능력은 최대한 발휘될 것'이라며 미완의 원인을 다른 이유로 돌리기도 합니다.

나를 지키기 위한
장애물 두기

아들러는 자기 보호 경향성이 강한 사람들은 자존감을 보호하기 위해 장애물을 만든다고 했습니다. 장애물은 크게 4가지 유형입니다.

• 거리 두기

장애물을 지각하면 그로부터 이탈해서 문제나 도전 과제를 회피하는 태도로, 능동적으로 문제를 해결할 가능성을 미리 차단해 버리는 의심과 불확실성의 표현입니다. 시험 기간만 되면 배가 아프거나 몸살이 나는 경험이 있나요? 시험이라는 도전 과제와 결과물을 받아들이는 상황을 피하기 위해 몸에서 반응을 일으키는 것으로 볼 수 있습니다.

• 망설이는 태도

여러 가지 장애물을 탓하면서 어떤 문제에 대해서도 적극적으로 접근하거나 개입하지 않는 것을 정당화하는 태도도 장애물 중 하나입니다. 어려운 일을 다른 사람 탓이라고 비난하거나 문제 해결을 지연시키는 것입니다.

예를 들어 자기 보호 경향성이 강한 사람들이 시험 성적 결과가 좋지 않을 경우에는 '어머니의 잔소리에 스트레스를 받아서', '학원에 다닐 만한 경제적 여유가 없어서', '동생을 돌봐야 해서'와 같은 이유를 대는 겁니다. 시험을 잘 못 본 이유는 엄밀히 말하면 시험 범위였던 지식을 숙지하지 못했기 때문인 데도요.

• 회피하기

덜 중요한 문제나 관심사로 주의를 돌려서 핵심적인 문제나 도전 과제와 비교하여 부차적인 문제에 과다할 정도의 에너지를 투입하는 것입니다. 시험 기간만 되면 갑자기 다큐멘터리나 시사 프로그램이 유달리 재밌었던 적이 있죠?

• 편협한 접근 방법

일을 완수하지 않음으로써 현저하게 드러나는 문제의 해결을 지연시키거나 도전적인 과제가 주어졌을 때 매우 제한되고 예측 가능한 노력 이외에는 하지 않는 것도 장애물의 한 유형입니다. 과제를 일부러 미완의 상태로 제출하는 것이 예시가 될 수 있습니다.

하지만 안전해지려고 쓴 회피 전략이 오히려 삶을 고통스럽게 합니다. 인간은 고통스러운 정서와 기억에서 벗어나기 위해 회피하는 전략을 썼는데 말이죠. 회피하는 잠깐은 마음이 편합니다. 하지만 결국 나는 피했던 문제를 해결해야 하고, 완성하지 않은 것에 대한 찜찜함을 갖고 살아야 합니다. 오히려 장기적으로

부족한 자존감, 교만, 제대로 못할지도 모른다는 두려움이
우리 마음속에 숨어 있습니다.

는 나에게 더 부정적인 결과로 돌아올 수 있습니다.

내가 나를 피하면
나 자신이 약점이 된다

하루하루 자신의 열등한 부분에 직면하는 것이 고통일 수는 있습니다. 하지만 고통을 여러 차례 겪다 보면 생각보다 별일 아닌 것이 됩니다.

타인의 입장이 돼서 내가 무엇을 회피하고 있는지 객관적으로 관찰해 보세요. 사람을 회피한다면 어떤 유형의 사람을 회피하는지 살펴보세요. 혹은 어떤 일들이 닥쳐왔을 때 회피하는지를 관찰해 보세요. 그럼 어떤 패턴을 발견할 수 있을 것입니다. 내가 회피하는 사람들은 나를 무시하는 사람들인데, 내가 정면으로 돌파해서 항의하거나 물어보지 못할 정도의 힘을 가진 사람일 수도 있고요. 또 나를 가치 없다고 하면서 평가 절하를 하는 사람일 수도 있습니다. 이런 사람과는 차라리 회피하고 마주치지 않는 것이 나을 수도 있습니다. 회피하는 대상이 일이라면 그 일은 나에게 어떤 감정을 불러일으키는지, 어떤 경험 때문에 그런 감정이 들었는지 생각해 보세요.

이제 조금씩 대화를 해 보세요. 미리 할 말을 준비하고 연습한

다음에 시도해 보는 것입니다. 회피하고자 하는 나의 두려움을 충분히 마주하고, 열등한 관계에 놓이는 것을 두려워하는 나를 그대로 인정해 보세요. 한번 해 보면 생각보다 별것 아니라는 것을 알게 됩니다. 회피하니 오히려 불안한 것입니다.

조금 부족하면 어떤가요. 완벽한 사람은 없는걸요. 부족해도 열등해도 나는 나의 영원한 동반자입니다. 그런 나를 이제 인정해 보세요. 나마저 나를 회피하면서 자기 기만 속에서 살고 있다고 하니 어떻게 느껴지시나요? 더 이상 자기 자신을 속이면서 자기와의 관계를 망치지 마세요. 이제 나를 보듬어 주세요. '수고 많았어. 애 많이 썼어. 그리고 이젠 그냥 있는 너 그대로 보여 줘도 돼. 너는 있는 그대로 괜찮은 사람이야!'라고 속삭여 주세요. 나를 인정하지 못해서 나를 피해 온 나에게요.

—

일부러 미완의 상태를 자처한다면
피하고 싶은 사람과 일들이 있다면
그 전에 자기 자신부터 직면해야 한다.

23

·

어릴 적 만난 비바람은
평생에
영향을 끼친다

관계 분리

"인간의 행위란 단순히 개인을 둘러싸고 있는 객관적인 환경에 기인하는 것이 아니면, 그것을 받아들이는 인간의 해석에 근본을 둔다고 주장하면서 객관적인 인과 관계보다는 주관적인 관계를 더 많이 중요하게 여긴다."

영준 씨의 부모님은 늘 다퉜습니다. 특히 자녀 양육 방식에 견해차를 보였죠. 어머니는 자녀를 엄격하게 훈육해야 한다고 했지만 아버지는 그런 어머니를 나무랐습니다. 아이들이 알아서 잘할 것이라며 되레 어머니에게 호통을 쳤습니다. 부모님이 싸우면 이혼을 하겠다는 이야기도 왕왕 오갔고 서로 아이들을 키우겠다고 다퉜습니다.

어머니는 영준 씨 남매에게 '너희가 잘 못하니 이렇게 부부 싸움을 하고, 너희 때문에 내가 늘 아버지에게 구박받고 산다'며 힘들다는 내색을 비쳤습니다. 영준 씨는 자신이 미웠습니다. 좀 더 어머니의 뜻에 따라서 잘하면 될 텐데, 생각대로 되지 않는 스스로가 원망스러웠고 자식 편을 드는 아버지가 마냥 좋지도 않았습니다.

영준 씨는 이제 30대 후반이 됐고, 결혼해서 부모처럼 절대 싸움을 하지 않겠다고 다짐했습니다. 그래서 부모와는 반대로 자녀들을 양육하고 있습니다. 야단도 치지 않으며 애들 탓도 하지 않습니다. 그런데 영준 씨의 아내는 영준 씨를 못마땅해합니다. 아이들을 오냐오냐하면 어떡하냐고 불만이 많습니다. 영준 씨는 그런 아내가 야속합니다.

어린 시절 고성 속에서 자란 영준 씨는 작은 소리에도 놀라고, 혹여나 자기가 부부 싸움을 하다가 이혼을 언급하면 어쩌나 하고 조마조마했습니다. 자신의 아이들도 자기처럼 생각하게 될까 봐 걱정입니다. 그래서 갈등의 소지는 차단하고 아내의 부탁도 어지간하면 다 들어주고 넘어갑니다.

두려워하는 아이가
내 안에 남아 있다

부부 싸움은 부부가 서로의 힘의 우위를 가리기 위해 벌인 사건입니다. 부부간 갈등이 자녀에게 영향을 줄 수도 있습니다. 특히 욕설이나 폭행이 오가는 등 갈등의 모습이 폭력적인 경우에는 자녀에게까지 영향을 미칩니다.

부부 갈등이 지속되면 부부 각각은 자녀 등 가족 구성원에게 자신들의 스트레스를 풉니다. 자녀들에게도 편 가르기를 시키고 자신에게 우호적이지 않은 자녀에겐 협박을 하는 사례도 있습니다. 어린 자녀들은 끊임없는 공포에 시달리게 됩니다. 특히 부부 싸움의 원인을 자녀의 탓이라 하는 부모의 자녀들은 끊임없이 우울과 불안과 무능감을 경험합니다.

부부 싸움을 많이 한 부모의 자녀인 경우, 다양한 형태의 대응 패턴이 발견되지만 특히 생활 양식이 형성되는 5세 전후의 시기에 부모가 갈등할 경우 크게 2가지 행동 패턴을 보입니다.

첫 번째, 갈등이 일어나면 회피합니다.

인간은 모두 다르기 때문에 살면서 갈등을 맞닥뜨릴 수밖에 없습니다. 그런데 과거 갈등 상황에서 불행했던 경험, 부모 간 갈등이 제대로 해소되지 못해 괴로웠던 경험 때문에 아예 갈등을 피하는 것입니다. 이들은 갈등이 예상되는 대상과 관계에서는 본인이 책임을 다 떠안으면서 갈등을 회피하기도 하고, 또 책임을 지지 않으려고 주위를 맴돌면서 자책하기도 합니다.

두 번째, 항상 불안에 시달립니다.

언제 '전시 상황'이 닥칠지 모른다고 느낍니다. 평온했던 분위기가 언제든 불안하게 돌변할 수 있다는 사실을 경험을 통해 알고 있습니다. 이들은 문제 상황을 해결하지 못한다는 생각에 자책감이나 무능력감이 들고 강한 부모에 맞서지 못하고 당하는 바람에 억울함이 깊은 원망으로 자리 잡고 있습니다.

이제는 내가 나의 좋은 부모가 돼 줄 수 있다

이 순간 부부 싸움으로 인해 고통받는 자녀들은 그 상황에서 분리하시길 바랍니다. 그 싸움은 두 분이 해결해야 하며, 어린 자녀들이 그 사이에서 할 수 있는 것은 아무것도 없기 때문입니다.

여전히 부모의 부부 싸움 때문에 트라우마를 경험하고 있다면 눈을 감고 어릴 때 부부 싸움의 현장에 들어가 보시길 바랍니다. 처음엔 공포가 올라올 수도 있고 슬퍼하는 어린 내가 안쓰럽다는 생각이 들 것입니다. 하지만 자주 그 현장에 들어가 본다면 회피했을 때보다, 처음보다 덜 힘듭니다. 그리고 싸우는 부모에게 하고 싶은 말이 있다면 해 보고, 싸움을 지켜보는 힘든 나에게도 위로의 말을 건네 보세요.

슬픈 아이와 대화를 해 보시고 슬픈 감정을 안아 주세요. 성인이 된 내가 슬프고 두려운 나를 안아 주고 돌봐 주는 것입니다. 그 아이에게 이름을 붙여 줘도 좋습니다. 이제 어리고 슬픈 나와 동반하면서 삶을 살아가는 것입니다. 성인이 된 내가 그 아이의 좋은 부모가 돼서요.

과거는 모두 현재의 긍정적 자원이 될 수 있습니다. 그 뿌리가 부정적이든 부정적이지 않든요. 부부 싸움으로 인해 갈등을 회피하면서 인내력과 갈등에서 견디는 내성이 생기기도 했습니다. 내 안의 억압된 감정들이 갈등을 회피하도록 했다면 이는 거꾸로 보면 삶에 순응하는 법을 배우기도 한 것입니다.

또 싸움으로 인해서 발달한 감각이 있습니다. 싸움하는 소리 때문에 청각이 발달했거나 싸움하는 장면 때문에 시각이 발달했을 수도 있습니다. 비록 소리나 장면의 원형에 부정적인 요소가 있긴 했지만 청각, 시각은 나의 발달한 자원으로 활용해 볼 수도 있습니다.

과거의 부정적인 경험을 현재 나에게 도움이 되도록 활용해 보세요. 부모가 싸우는 장면은 이미 지난 과거입니다. 혹시 아직도 부모님이 싸우고 계신가요? 그렇다면 이제 부모의 삶과 나의 삶을 분리해 보세요. 부모의 갈등은 내가 해결할 수 없는 문제입니다. 부모의 갈등은 그들이 해결해야 할 문제라고 의식적으로 새겨 봅시다. 그리고 부모가 벌인 전시 상황에서 살아남은 나를 격려하고 응원하시길 바랍니다.

———

우울, 불안, 무능감에서 벗어나기 위해 독립이 필요할 때다.

24
·
인간은 인정받을 때
자신의 가치를
느낀다

사회적 관심

"영·유아기부터 목표는 인간을 행동하게 만드는 강력한 동기로 작용한다. 목표는 꼭 단어나 문장으로 정리될 필요는 없으며, 또한 사람은 해당 목표를 의식적으로 인식하고자 노력할 필요도 없다. 영·유아기에 인간들이 수립하는 목표는 매우 단순하다. 부모의 관심을 받는 것, 인정을 받는 것, 재미있는 것, 편안한 것 등 이것들이 점차로 발달해 성인 때 더욱 강화돼 드러난다."

아들러는 '사회적 자아'로 인간을 정의했습니다. 그래서 인간이 '산다'는 것은 '관계를 맺는다'는 의미로 봤습니다. 한 인간을 사회적 자아로 정의한 만큼 아들러 심리학에서는 사회적 관심을 강조합니다. 사회적 관심이란 타인의 관점에서 나에 대해 공감과 이해를 받고, 그 사람이 관심을 갖는 것에 나 또한 관심을 가지며, 내 안에 그 사람의 공간을 내주는 것을 의미합니다.

아들러는 사회적 관심의 여부가 정신 건강의 기준이 된다고 했습니다. 사회적 관심이 높은 사람을 들여다보면 정신이 건강하고 활동성 높습니다. 이때 활동성이란 삶에 대한 적극적이고 진취적인 태도를 의미합니다. 사회적 관심이 높은 사람은 사회생활에 적응력이 높고, 다른 살아 있는 존재와도 조화롭게 살려고 하며, 건설적인 일을 찾으려고 합니다. 그래서 이들은 인류애도 큽니다.

반면 사회적 관심의 수준이 낮은 사람은 수동적이고 환경에 부적응적이며 세상으로부터 회피적인 성향을 보입니다. 이 점 때문에 아들러 심리학은 관계 심리학으로도 불립니다.

또한 아들러는 사회적 관심이 높은 사람이 자아 존중감과 자아 효능감(자기 능력에 대한 믿음)도 높다고도 봤습니다. 다른 사람과 함께 적극적으로 사회 활동에 참여하고 사회적 공헌을 함으로써 자신을 넘어 집단의 지지를 받으면 자기 자신에 대한 확신을 얻기 때문입니다. 이는 자신의 욕구와 선입견의 차원을 넘어서 더 큰 다수의 목적을 향해 노력함으로써 삶의 의미를 더하는 것입니다. 연구에 따르면 사회적 관심이 높은 사람들은 좀 더 오래 살고, 삶에서 더 많은 만족감과 성취감을 경험하는 경향이 있다고도 합니다.

축적된 경험은
인생의 태도를 결정짓는다

사회적 관심은 어릴 때 부모와의 상호 작용을 통해 기를 수 있습니다. 인생에서의 첫 상호 작용은 통상 엄마와 맺게 됩니다. 엄마가 아이에게 젖을 주며 눈을 맞추면 아이는 빙긋 웃어 주는 것입니다. 서로 간 공감, 이해를 통해 유대감을 형성하며 살면서 처음으로 타인에게 관심을 보입니다.

유년 시절을 돌이켜 보면 사회적 관심이 발달한 경험을 떠올릴 수 있습니다. 어린 시절 집안일을 가족 구성원들과 분담한 경우가 있습니다. 어린 시절부터 사회적 관심을 발달시킨 내담자의 사례를 살펴봅시다.

"어릴 적 우리 가족은 일요일에 각자가 청소 구역과 할 일을 정했습니다. 당시 저는 6세에 불과했지만 내가 할 수 있는 일은 했습니다. 내가 어지른 인형 치우기, 침대 정리하기, 엄마에게 물컵

갖다 드리기 등등이요. 제가 수행하기 어려운 일들은 언니들이 대신해 줬습니다. 예를 들어 무거운 물건을 옮기는 일이나 불을 사용해야 하는 조리 도구 등이요."

이 사람의 기억을 살펴본다면, 자신이 할 수 있는 일을 하면서도 어려서 할 수 없는 일은 언니들이 도와줬습니다. 6세의 경험이지만, 전반적인 경험의 분위기는 그전부터 서로 각자의 일을 도왔다는 것을 느낄 수 있습니다. 이 사람은 가족의 단합과 상호작용을 어릴 때부터 학습했습니다. 해당 경험을 통해 단합, 협력이 긍정적이라는 인식을 갖게 됐습니다. 따라서 이 사람은 '관계는 서로 노력하며 협력하는 것'이라는 신념이 몸에 체화돼 있을 것입니다.

반면 어릴 때 충분한 관심과 애정을 받지 못했거나 협력의 좋은 경험을 하지 못했다면 다른 사람에 대한 사회적 관심이 결여돼 있을 수도 있습니다. 우리나라 속담 중에 "인심은 곳간에서 난다"라는 표현이 있죠. 내 배가 고프면 다른 사람을 챙겨 주기 어렵습니다. 마찬가지로 욕구가 결핍돼 있으면 항상 나부터 채워 넣으려고 합니다. 타인을 배려할 수 없게 되며 끊임없이 허덕이면서 뭔가를 채워 넣으려고 합니다.

나와 너를 넘어
우리로 향하는 길

사회적 관심을 가졌을 때 좋은 점은 자신을 둘러싼 타인과 환경을 좀 더 깊게 이해할 수 있는 관점을 제공해 준다는 것입니다. 사회적 관심이 높으면 독단적으로 자신의 의견만을 고수하거나 이를 강요하지 않습니다. 삶의 여러 가지 단면을 이해하기 때문에 자신이 그동안 경험해 보지 않았던 일도 적극적이고 진취적으로 새로 시도해 보고 이를 통해 다양한 경험을 쌓을 수 있습니다. 사회적 관심은 성공적인 삶을 위한 필요조건입니다.

하지만 유년 시절 주 양육자로부터 협력의 경험을 받지 못했다면요? 특히 배우자나 친구가 어린 시절 협력의 경험이 부재해 사회적 관심이 낮다면, 혹은 내가 그렇다면요? 성인기에도 충분히 학습을 통해 사회적 관심을 기를 수 있습니다.

우선 서로를 격려해 보세요. 구체적으로요. 당신의 행위 덕분에 실제로 어떤 효과가 있는지, 또 상대의 행위 덕에 나의 감정은 어떻게 느끼는지를 구체적으로 설명하는 것입니다. 예를 들어 이렇게 말해 보세요.

"네가 이렇게 힘든데도 항상 옆에 있어 줘서(기여, 공헌) 힘이

인생에는 아직 열어 보지 못한 수많은 문이 있습니다.
일단 자기 마음의 문부터 열어 보세요.

된다. (상대방이 유능감을 느끼게 하는 요소) 고마워. (연결감)"

이렇게 상대방이 한 행위의 과정에 더 초점을 두면 상대가 본인의 존재를 인정하고 수용한다는 느낌을 받을 수 있습니다. 그리고 고맙다는 말로 인해 서로가 감정적으로 연결돼 있다고 생각할 것입니다. 격려는 상호 작용이 되며 격려하는 사람도 격려받는 사람에게도 모두 힘과 용기를 줍니다.

이렇게 일상에서 작은 격려부터 시작합니다. '나와 너' 일대일의 관계에서 사회적 관심을 들이는 습관부터 시작하는 것입니다. 이렇게 작은 사회적 관심이 결국에 큰 사회적 관심으로도 확장될 수 있습니다.

30대인 우리는 성장 과정에서도, 성인이 된 이후에도 경쟁에 놓여 있어 칭찬이나 격려를 잘 받지 못하고 자란 세대입니다. 기성세대로부터 더 잘하라고 비난받고 채찍질당하고 반성을 더 요구받았기 때문이죠. 하지만 괜찮습니다. 우리는 서로 격려하면서 부족한 사회적 관심을 보완하면 됩니다.

—
개인과 개인, 개인과 공동체를 연결할수록 나의 세계가 커진다.

25
·
개인은
공동체를 위해
공동체는 개인을 위해

소속감

"모든 세대는 자기 앞 세대로부터 배우며 권력에 대한 욕망 때문에 몹시 어려운 시기를 겪거나 엄청난 혼란에 빠질 때도 대개 자기가 학습한 것을 지켜 나간다."

2021년 통계청 자료에 의하면 국내 MZ세대는 약 1,700만 명으로 전체 인구 중 34% 정도라고 하네요. 조직 내 이들의 비율도 국내 기업 기준으로 약 50% 정도라고 합니다.

조직에서 두드러지는 MZ세대의 특징은 '조직보다 본인을 더 중시하는 개인주의적 성향'이 강하다는 점입니다. 기성세대는 조직의 목표와 팀 또는 조직 전체의 성과와 평가에 더 초점을 둔다면, MZ세대는 개인의 능력에 따라서 인정에 따른 투명한 평가와 보상이 중요하다고 여깁니다. 또한 기성세대와는 달리 일과 개인의 삶에 대한 균형을 맞추려고 많이 노력합니다. 그들의 조직이 자신의 성장이나 목표에 도움이 되지 않는다면, 다시 학업을 선택해서 좀 더 큰 목표를 지향하거나 다른 곳으로 이직하는 것도 서슴지 않습니다.

지금의 세대는 평등과 공정함에 대한 권리를 주장합니다. 이들은 수십 년간 어릴 때부터 목표를 세우고 달성을 위해 무한 경쟁에 노출이 돼 있는 세대입니다. 그래서 노력에 따른 칭찬과 보상을 받아야 한다는 요구가 강합니다.

즉 공정성을 핵심 가치로 여깁니다. 이들은 불합리한 일이나 의사 결정에는 동의하지 않으며 정의감을 중시합니다. 관계 지향적이며 내 편과 네 편으로 가르고 줄서기를 잘해야 성과를 봤던 기성세대의 조직 생활과는 다른 모습입니다. 수평적, 개방적, 전문적인 부분과 그에 따른 보상을 중시하는 것입니다. 디지털 환경이 어린 시절부터 익숙한 세대이며, 오픈된 소통 방식에 익숙한 것도 공정, 평등을 중시하게 된 배경입니다.

MZ세대가 독특하고 고유한 그들의 문화적 특성을 띠는 것 같지만, 이것은 기성세대와 세대 차이에서 기인한 것이 주요 원인이라고 봅니다. 한국 사회의 20대, 30대의 할머니, 할아버지뻘되는 세대는 자식은 낳으면 저절로 큰다고 하며, 신체적인 것과배움으로 사회적 위치를 차지하도록 양육했습니다. MZ세대의부모는 1명, 또는 2명의 자녀를 양육하면서 자신들이 받지 못한부모와 사회로부터의 혜택을 가능하면 모두 주면서 키웠습니다.환경 차이가 나는 것입니다.

문화적 차이도 큽니다. 전통적으로 어른들 위주의 의사 결정과 권위가 가족 내에서 중요했다면 지금은 자녀들의 공부와 성장이 가족 일 중에 가장 크다고 하는 분이 많습니다.

소속감은
가장 근원적인 욕구다

그렇다면 이렇게 개인주의적인 MZ세대는 사회와 계속 불화하기만 할까요? MZ세대가 집단 내에서 적응할 방법은 뭘까요?

MZ세대든 아니든 소속감을 느끼고 싶어 한다는 것은 인류 보편적 특성이자 인간의 일차적인 욕구입니다. 아들러는 인간이 다른 사람들과 동질성을 느끼고 어딘가에 소속돼 있다는 느낌을 지속적으로 받기 위해 사회적인 문제에 관심을 둔다고 했습니다.

소속감 때문에 인간은 조직 내에 기여하는 바를 인정받고 싶고, 또 성공하고 싶다는 욕구가 큽니다. 그래서 MZ세대도 본인이 속한 조직의 발전에 기여하고 싶어 합니다. 조직원들과 함께 협력하고 상호 작용하면서 성과를 내고 잘하려고 한다는 것입니다. M세대도 Z세대도 모두 오랫동안 직장에 들어가기 위해 노력해 온 것은 마찬가지입니다.

다만 다른 점은 MZ세대는 조직 내 본인들의 자리가 분명할 때 조직 발전과 안정을 위해 더 많이 소속감을 느낀다는 점입니다. 만약 자신이 속한 집단에서 자신이 중요한 존재라고 느낀다면 이 사람은 자신이 속한 집단의 안녕과 행복을 위해 노력할 것입니다. 하지만 타인의 시선과 기대에 계속 묶여 있고, 결과는 제한적이라면 소속 욕구가 작아지면서 노력은 상대적으로 줄어들 수밖에 없습니다.

우리는 모두
동등한 존재이자 동료다

아들러도 이를 알고 있었던 것 같습니다. 아들러는 조직원의 소속감이 커질수록 조직의 발전과 성과도 함께 정비례한다고 했습니다. MZ세대의 소속감도 개인과 집단이 상호 작용해 더 커집니다. 개인 한 명의 공헌이 조직원들의 공동 성과 달성에 적극적으로 참여하고 있다는 것을 느낄 때입니다.

만약 스스로가 가치가 없다고 느끼거나 스스로에 대해 만족이 낮거나 조직에서 자신의 자리를 찾지 못할 경우에는 집단을 떠나려는 욕구가 더 커지게 됩니다. 즉 MZ세대에게도 소속 욕구는 행동과 열정을 끌어내는 강력한 동기입니다.

이 과정에서 몇몇은 '누가 사회를 구성하는 구성원인가' 등에 대해 엄격한 기준과 잣대를 만들기도 합니다. 예를 들어 '조직에서 성공하려면 이렇게 해야 해', '사회에서 성공하는 사람은 이렇게 해' 등의 타인의 개인적 판단과 편견이 기준이 되기도 합니다. 기성세대는 타인이 내놓은 판단을 기준으로 집단 내에서 중요한 사람인지 아닌지를 판단하기도 합니다.

MZ세대 스스로가 어느 집단에 속해 있는 존재임을 인식할 수 있도록 기성세대가 도와줘야 합니다. 단순히 물리적이고 객관적으로만 조직에 속해 있다는 느낌에 그쳐서는 안 됩니다. '나'의 주관적인 노력과 공헌이 내재적인 소속감이 될 수 있도록 조직의 배려와 구성원들의 지지가 필요합니다.

기성세대에게 도움을 요청해 보세요. 어떤 시도를 하고 노력해서 증명해야만 하는 것이 아니라 조직에 더 열정을 갖고 소속될 수 있도록 지지와 격려를 해 달라고요.

그럼 MZ세대 개인은 소속감을 느끼면서 조직의 허리로 성장할 수 있습니다. 이런 긍정적 흐름이 개인과 조직이 상호 보완적인 존재가 되는 과정입니다.

———

개개인 모두는 지지가 필요하다.

26
·
모든
성공의 조건은
건강한 신체다

자기 컨트롤

"신체는 외부 세계의 요구에 반응하며, 촉진 및 방해 작용에 성공적으로 대처하기 위해 신체 능력을 어느 정도 평형 상태로 유지하려는 과정이다. 이 과정을 좀 더 살펴보면 신체의 지혜에 도달한다."

인간이 진화하는 데는 열등감이 큰 역할을 했습니다. 늘 위기 상황에 당면하기에 스스로 부족하다는 느낌을 받을 수밖에 없었습니다. 위기 상황을 모면하기 위해서 우리는 발전해야 합니다. 그래서 아들러는 "인간이 된다는 것은 곧 끊임없이 극복하고자 하는 열등감을 갖는 것"이라고 했습니다. 아들러는 우리가 마이너스의 상태에서 플러스 상태로 나아지게 하려고 움직인다고 했습니다. 열등감을 극복하고자 하는 행동 그 자체가 긍정적이라는 것입니다.

그런데 열등감이 클수록 끊임없이 우월감을 추구하게 됩니다. 열등함을 누르고 일어서야 하니 에너지도 끊임없이 필요하겠죠. 현상을 유지하며 그냥 살아도 되는데 끊임없이 자신의 열등함을 극복할 도전 과제를 세우고 부딪히고 깨집니다. 그리고 또 극복하죠.

우리에게는 열등감 극복이라는 과업을 달성하기 위해 정신력뿐 아니라 신체적인 힘, 즉 체력이 필요합니다. 몸이 결국 마음의 수행 기관이기 때문입니다. 신체가 강건하면 마음에도 에너지가 공급됩니다. 몸과 마음은 하나이고 분리될 수 없습니다.

만약 신체가 건강하지 않다면 과업을 제대로 수행할 수 없습니다. 예를 들어 배가 자주 아프면 항상 긴장하게 됩니다. 언제 또 변의가 느껴질지 모른다는 생각에 말이죠. 긴장하는 것은 또 신체 기관에 영향을 줍니다. 이렇게 부정적인 사이클이 반복됩니다. 호흡, 내분비계, 감각 기관, 신경계 등은 보이지는 않지만 몸으로 드러납니다.

아들러는 일찍이 몸소 신체의 중요성을 느꼈습니다. 어린 시절 병약했기에 활동을 건강하게 할 수 없었죠. 건강한 형과 늘 비교당하기도 했습니다. 그래서 아들러는 "아이는 일찍이 자신의 운동과 수행 능력에서 신체 기관의 유효성을 체험한다"라고 했습니다. 실제 아들러가 자신의 사상을 펼치기 시작한 데는 열등한 신체가 큰 요인이 됐습니다.

몸은 계속
신호를 보내고 있다

우리의 몸은 늘 소통을 원합니다. 그리고 늘 표현합니다. 아들러는 이를 두고 "신체 기관이 방언한다"라고 표현했습니다. 신체 기관은 방언을 함으로써 우리의 몸이 현재 정상적이 아니라고 경고합니다. 예를 들어 새로운 일에 도전할 때면 평정심을 유지하는 평소와는 달리 큰 용기를 내야 합니다. 그래서 시작하려고 하면 가슴이 떨리기도 하고 벌렁벌렁하기도 합니다.

하지만 우리는 우선순위가 몸 외에 다른 곳에 있다 보니 알아차리지 못할 때가 많습니다. 위기의 상황에 자주 노출돼서 상황 수습이 더 우선이어야 하는 경우가 많았던 사람은 몸을 챙기기보다도 일단 당면한 위기부터 해결하기 급급하게 됩니다. 그러면서 더 큰 충격을 감당하는 빈도수가 늘어나고 몸의 신호를 끊임없이 무시합니다.

위험은 우리 삶에 늘 존재합니다. 뇌는 이를 감지하고 반응을 보입니다. 뇌가 담당하는 가장 중요한 기능은 우리의 생존을 보장하는 것이기 때문입니다. 음식, 휴식, 보호, 섹스 등 신체가 무엇이 필요한지 알리는 체내 신호를 보냅니다. 그리고 어떻게 이런 욕구를 수용할 수 있을지도 전략을 짜 줍니다.

그렇다면 어떤 과정을 거쳐서 우리 몸에서 신호가 나타날까요? 외부 세계의 정보가 우리 눈, 귀, 피부 등의 감각 기관을 통해 전달됩니다. 이 감각은 변연계 내부에 자리한 시상하부로 모이고 가공됩니다. 이후에 아주 빠르게 신경 전달 물질인 호르몬을 보내 경고합니다. 편도체가 위험 신호를 보내면 코르티솔, 아드레날린 등과 같은 강력한 스트레스 호르몬을 분비하고 심박수가 증가해 혈압이 높아지는 등의 경고를 보냅니다. 이때 신체의 이상이 생겼음을 알아차리고 에너지를 모두 차단하며 오로지 생존을 위해서만 사용합니다.

여러 신체 기관은 서로 상관관계가 있습니다. 실제 내분비선(갑상선, 생식선, 부선, 뇌하수체)끼리는 연결돼 있습니다. 이들은 서로에게 부정적인 영향을 줄 수도 있고 도움을 줄 수도 있습니다. 말초 신경계와 중추 신경계가 서로 연합하면 인간의 실행 능력을 향상하는 데 도움이 될 수도 있습니다.

만약 우리 몸이 보내는 신호를 무시하면 이미 우리 신체 기관이 많이 망가진 상태가 돼도 모르게 됩니다. 몸이 망가지면 마음도 건강을 잃죠. 마음과 몸을 함께 챙기지 않는다면 몸의 변화에 무뎌집니다.

몸과 마음이 건강해야
인생이 건강하다

우리는 몸이 알려 주는 내외적인 변화에 민감해져야 합니다. 그것이 마음까지 함께 챙기는 일입니다. 즉 몸과 마음은 별개의 것이 아닙니다. 그래서 정신적인 휴식, 긴장 완화와 운동을 하는 것은 중요합니다.

평소에 호흡을 깊게 하는 것을 습관화해 보세요.

들숨을 쉴 때는 머리 정수리까지 호흡을 참는데, 그때 기분이 좋았던 기억을 떠올려 보세요. 그리고 서서히 숨을 뱉을 때는 배꼽 아래 단전까지 내려갑니다. 그렇게 여러 번 해 보세요. 신체 기관이 활성화가 될 때는 우선 멈추고 이렇게 호흡을 해 보는 것입니다. 정수리까지 숨을 들이쉬고 단전 부분까지 숨을 내쉽니다. 호흡에 집중하는 것은 지금 여기에 머무르게 합니다. 긴장되는 이유는 과거의 후회와 미래의 걱정 때문입니다. 지금 여기에 머무르면 긴장이 완화됩니다.

운동도 열심히 해야 합니다. 운동 수준이 높은 사람은 스트레스를 극복하는 힘도 높아집니다. 만약 몸의 에너지가 다운돼 있어 운동 수행이 어려울 때는 가벼운 스트레칭이나 산책 정도로라도 시작해 봅시다. 만약 일주일에 3번 가벼운 운동을 했다면 이제는 규칙적으로 시간을 정하고 웨이트 트레이닝 같은 좀 더 강도 높은 운동을 해 봅니다. 이때는 강도가 높아진 만큼 빈도를 좀 줄여도 되겠죠.

몇 해 전부터 유행한 '보디 프로필' 찍기에 도전해 보는 것도 신체를 단련하는 좋은 방법이 될 수 있습니다. 멋진 몸을 만들었을 때 성취감을 느낄 수 있죠. 특히 보디 프로필을 찍으려면 운동을 꾸준히 해야 하므로 조금씩이라도 지속해서 하는 운동 습관을 들일 수 있습니다.

운동을 지속하는 것이 습관이 된다면 다른 부수적인 효과가 더 불어 옵니다. 몸의 근육 증가가 심리적인 근력으로 이어지며, 고난과 역경을 극복하고 원래 상태로 돌아가게 하는 회복 탄력성을 높입니다. 회복 탄력성은 정신 건강의 문제를 감소시키며, 환경 변화에 대한 적응력을 향상시켜서 심리적 안정과 자신감을

불안과 두려움이 나를 삼켜도
인생이 서툴고 어려워도
나는 나를 믿어야 합니다.

가져다줍니다.

신체 기관의 언어는 감각으로 드러납니다. 감각 단어에 익숙해져 보세요.

'간이 조마조마하다.'
'소름이 돋아 오싹오싹한다.'
'침이 바짝바짝 마른다.'

이런 감각의 변화에 내 감정은 어떻게 변화가 되는지도 살펴보세요. 간이 조마조마하면서 내 감정은 두렵습니다. 몸과 함께 정서적 반응도 합니다. 몸이 말하는 언어를 잘 들어 보세요. 몸을 돌봐 주면서 마음도 함께 챙겨 주세요.

———

내가 나에게 충분한 관심을 줄 때
가장 건강한 삶을 살 수 있다.

27

·

실패하려고
사는
인생은 없다

삶의 의미

"인간은 외부의 충격에 능동적으로 적응하기 위해 늘 생존 투쟁을 한다. 환경에 적응하기 위해 인간은 완전해지려고 노력하는 것이다."

나는 이 어려운 세상에서 '삶'이라는 벌을 받으려고 태어난 것은 아닙니다. 살다 보면 고통을 넘어가면서 엮어 내는 기쁨과 의미도 있습니다. 삶 속의 긍정적인 작은 조각들을 일상에 더 담는다면 나는 삶을 긍정적인 이야기로 더 가득 채울 수 있습니다. 만약 부정적인 이야기들로 내 삶을 적는다면 나는 아직도 고통에 시달리는 중인 것입니다.

내 안이 편안하다면 외부의 어떤 접촉 때문에 흔들렸다가도 다시 제자리로 돌아올 수가 있습니다. 그러나 내 안이 편안하지 못하다면 외부의 조그만 충격에도 늘 흔들리고 또 언제 회오리가 오는지에 대해 불안합니다. 언제나 관건은 개인과 외부 세계 사이에 양호한 관계를 구축하는 것입니다.

우리가 완전해지고자 목표를 세우는 것은 자신이 속한 공동체의 일원으로서 더불어 발전한다는 것입니다. 만약 완전의 목표에 정반대인 확실한 패배를 모면하기 위해 삶의 과제를 미해결 상태로 두는 것을 완전의 목표로 삼는다면, 그것은 '완전'이 아닌 자기 보호적인 입장에서의 태도라고 할 수 있습니다. 완전성은 우리 모두에게 이로운 보편성을 갖고 있으면서도 나를 위한 것입니다. 살아가는 동안 사회생활을 배제할 수는 없으니까요.

자기 자신을
끊임없이 넘어서라

기존의 심리학은 개인을 이해하는 데 개인 심리 내적인 요인들을 중시했다면 알프레드 아들러는 개인을 개인이 속한 공동체로 확장했다는 점에서 의미가 있습니다. 아들러는 개인이 사회, 조직으로부터 느끼는 일체감, 사회의 안녕, 걱정, 관심을 중요시했습니다. 그리고 더불어 살기 위한 이상적인 방향과 규범적인 것을 공동체감이라고 했습니다.

인간이 산다는 것은 타인과 함께 존재하는 것입니다. 타인과 더불어서 잘 사는 것이 그 사람의 삶을 더 풍요롭고 윤택하게 합니다. 그러므로 개인이 속한 사회, 집단 안에서 공동체감을 느끼는 것이 중요합니다. 아들러는 공동체감에 대해 이렇게 말했습니다.

"모든 사람은 선천적으로 소속감을 스스로 발달시킬 가능성을 갖고 태어났으며 아이들의 성장기는 이런 공동체감을 발달시킬 수 있는 최적의 시기다."

아들러 심리학을 관계 심리학이라고 하는 이유입니다.

지금까지 이 책에서는 인간이 스스로 '부족하다', '가치 없다', '쓸모없다' 등의 열등감이 어떻게 발달하게 됐는지를 설명했습니다. 열등감은 특히 어릴 때 처한 환경에 영향을 많이 받습니다. 한 인간이 속한 사회, 경제적인 여건, 전쟁과 가난, 질병, 가족의 분위기와 문화, 가족의 규모 등의 환경과 부모 관계, 부부 관계, 형제 관계, 출생 서열, 성에 대한 선호도(남성, 여성), 죽음에 대한 경험, 육체적 질병, 부모의 정신 건강 및 가족 내의 장애 외에도 기질적인 요인 등이 모두 영향을 미칩니다. 내 탓만은 아니죠? 조상 탓도 있습니다.

아들러 심리학에서 생활 양식은 성격과도 같은 의미로 사용됩니다. 나에 대한 관점, 타인에 대한 관점, 그리고 삶에 대한 관점과 어떻게 살아야 한다는 삶의 전략들입니다. 삶에 대한 태도와 자세, 그리고 사건에 대해 지속해서 비슷하게 반응하는 패턴 등을 사례들을 통해 설명해 드렸습니다.

그러니까 내가 '나는 부족하고, 타인들은 나에게 별로 관심이 없으니까 삶을 살 때는 거절하면 절대 안 된다' 등의 핵심적인 신념은 나에 의해서만 형성이 된 것은 아니라는 뜻입니다. 이것의 원형은 5세 전후 위의 다양한 요인들에 의해 영향을 받으니 조상 탓도 있는 것입니다. 하지만 여러분, 자신의 탓만도 조상 탓만도 하지 마세요. 그분들을 탓한들 뭣할 것이며, 자신을 탓하면서 자책의 틀 안에만 있어도 무엇이 도움이 되겠습니까?

아들러도 어린 시절에 겪은 트라우마와 열등감이 결국은 개인 심리학을 태동시키는 원동력이 됐습니다. 상처받은 경험들은 뇌에 강렬하게 자리 잡고 있어서 스스로에 대한 부정적인 자기 인식, 예컨대 '나는 부족하다'는 관점을 마주하게 됩니다. 즉 한계는 내가 만들고 있는 것입니다. 이미 지나간 과거인 데도요. 그래서 어린 시절부터 익숙한 대인 관계에서 방어 작용과 회피와 거리 두기 등의 보호 반응으로 생존하고 있는 것입니다.

보호 반응은 절대 나쁜 것이 아닙니다. 그것으로 살아왔으니까요. 다만 나에게 닥치는 상황과 대인 관계에 반응하는 패턴은 아주 어릴 때 만들어진 것이라는 점입니다. 그것이 아직도 살아있는 듯 나를 요동치게 합니다. 나는 이미 성인이 됐는데도 말입니다.

시련이 닥칠 때마다 '왜 나에게 이런 일이 생기나?'라고 묻는다면 답이 나올까요? 설사 원인을 잘 안다고 해도 그것이 해결할 수 없는 과거에 있다면 손 놓고 무력하게 있으면 될까요? 아니면 원통해하면서 과거를 탓하고만 살 건가요?

진정한 인생을 시작하는 서른에게

아들러 심리학은 "과거는 현재에 다시 쓸 수 있다"라고 합니다. 언제든지 우리의 운명은 바뀔 수 있습니다.

나의 선택을 이제부터 새로운 방향으로 해 보는 것입니다. 늘 익숙하게 선택했던 방법에서 잠깐 멈추고요. 객관적으로 다른 사람의 눈으로 보고 듣고 느껴 보는 것입니다. 멀리서 나를 다른 사람 보듯이 바라보는 것입니다. 그럴 때 나는 어떻게 선택할 것인지를 스스로 물어보세요. 그 상황 또는 사물과 하나로 융합돼 있다면 다른 것이 보이지 않습니다. 그 상황과 나를 객관적으로 분리해 보는 것입니다. 그럼 다른 관점으로 그 상황과 나를 바라볼 수 있습니다. 즉 나의 인식에 대한 조망 능력이 확장됩니다.

삶은 끊임없이 다른 도전을 요구합니다. 그것을 통제하려고 하면 할수록 통제 못 하는 다른 상황들이 들이닥칠 것입니다. 그러니 통제하기보다는 자연스럽게 흘러가도록 해 보세요. 순응하는 것입니다. 참 어려운 일이지만, 그치지 않을 것 같은 태풍도 시간이 흐르면 물러가고 다시 해는 떠오릅니다. 세상을 고요하게 만드는 힘은 내 안에 있습니다. 내가 고요하면 태풍이 와도, 비바람이 쳐도 곧 고요한 세상이 옵니다. 그래서 외부의 세상도 고요해집니다. 그러나 내 안이 고요하지 못하면 늘 요동치는 삶만을 만납니다. 외부에서 벌어지는 표면적인 일도 중요하지만 그로 인해 내 안의 세계에서 어떤 일들이 벌어지는가가 더 중요합니다.

아무리 외부의 인정과 칭찬을 받아도 내 안이 허전하다면 게임, 술, 음식 등으로 자꾸 채워 넣으려고 합니다. 이 책에서 다룬 어릴 때 경험들, 기억들에 허전함의 원인이 있습니다. 그때의 어린아이, 아무에게도 말하지 못했던 그 아이를 내가 만나 주고 그 아이의 강점도 찾고 긍정적 자원도 발견하면서 격려와 지지를 나 스스로 해 줘야 합니다. 보이는 것만이 다가 아닙니다. 보이는 것 이면의 실상에 더 집중해야 합니다.

모든 행동은 목적이 있다고 했습니다. 즉 내가 부족하다고 느끼면서 늘 열등감을 탓하는 것의 숨어 있는 목적은 무엇이겠습니까? 그것은 잘하고 싶고 인정받고 싶다는 것이겠죠? 그럼 부족한 나를 자책하지 말고 나부터 조금씩 잘하고 있는 나를 인정해 주세요. 우리 인간은 연약해서 하루 평균의 80%를 우리가 피하고 싶은 것을 다루는 데 사용한다는 연구가 있습니다. 80%에 집중한다면 20%를 놓칠 수 있습니다. 부담스러운 80%도 그 안에 발달한 강점과 내가 이겨 낸 성취물들이 있습니다. 그것에 더 집중하세요.

우리는 과거에 의해 긍정적이거나 부정적인 영향을 받을 수는 있지만, 그것들이 현재나 미래를 결정하진 않습니다. 나는 지금 여기에서 가장 나에게 이로운 것들을 이미 선택하고 있으니까요. 그런데 지금까지 내가 익숙한 방법들로 잘되지 않았다면 이제 이 책에서 소개한 방법들을 써 보세요. 나를 스스로 격려하고 응원하는 것입니다.

아무도 성인기를 대비하기 위한 완전한 어린 시절을 보내지 않았습니다. 인간은 모두가 편향돼 있으며 무지합니다. 완벽한 부모도, 완벽한 아이도, 완벽한 어른도 없습니다. 다만 자기 삶에 충실하게 최선을 다해서 생존하려고 할 뿐입니다. 인생에 실패도 실수도 올 수는 있습니다. 오지 않은 미래를 통제하려고 하면서 늘 불안해지지 마세요.

인간은 좋든 싫든 사회적인 동물이고, 우리 삶에서 가장 큰 기쁨은 자녀, 배우자, 직장 동료, 부모 등의 대인 관계에서 옵니다. 하지만 가장 큰 고통도 그들로부터 옵니다. 그런데 인간은 자기 중심적이고 다른 사람들도 자신에게 집중하느라 타인에게 더 신경을 쓰진 않습니다. 우리가 관계를 잘 맺기 위해서는 자기의 의견만을 주장해서는 안 됩니다. 관계에 대해 노력하지 않는다면 그 관계는 깨지고 나는 고통스러워집니다. 관계는 서로가 노력해야 합니다.

우리는 지구 울타리에서 더불어 살고 있는 공동체입니다. 내가 아프다면 타인도 아프게 되고, 나의 상처는 대물림으로 자손들에게 상처를 남겨 줄 수 있습니다. 인간인 이상, 사회적인 부담에서 벗어날 수가 없습니다. 그래서 나의 기쁨을 극대화하고 삶의 부담을 최소화하기 위해서는 우리에게 오는 책임을 받아들이고 다른 사람들과 협력하는 것을 수용하고 배우며 나와 함께 다른 사람들도 존중하는 것이 필요합니다. 이를 위해서는 타인을 수용하며 함께 가는 용기를 내야 합니다. 성공적인 삶은 불완전한 나의 용기가 필요합니다.

삶의 의미가 무엇인지, 내가 삶의 이름을 어떻게 붙이는지에 따라 삶의 의미도 달라집니다. 그동안 나의 경험들, 내 안에 아로새겨진 기억을 모두 그대로 인정하되 내가 새롭게 삶을 꾸려 갑시다. 내가 세상으로부터 받고 싶은 대접을 세상에도 하면서요.

———

세상이 우리에게 해 주기를 바라는 것을 세상에 해 보자.
우리는 아주 짧은 시간 동안 지구에 머문다.
우리는 모두가 이 인간 경험을 함께하는 것이다.
각자가 하는 일들이 우리 모두에게 궁극적으로 돌아오기 때문이다.

내 인생을 살기 위한 심리 수업

서른에 읽는 아들러

© 박예진 2024

1판 1쇄 2024년 1월 10일
1판 3쇄 2024년 2월 19일

지은이 박예진
펴낸이 유경민 노종한
책임편집 이현정
기획편집 유노북스 이현정 함초원 조혜진 **유노라이프** 구혜진 **유노책주** 김세민 이지윤
기획마케팅 1팀 우현권 이상운 **2팀** 정세림 유현재 정혜윤 김승혜
디자인 남다희 홍진기 허정수
기획관리 차은영
펴낸곳 유노콘텐츠그룹 주식회사
법인등록번호 110111-8138128
주소 서울시 마포구 월드컵로20길 5, 4층
전화 02-323-7763 **팩스** 02-323-7764 **이메일** info@uknowbooks.com

ISBN 979-11-7183-005-3(03180)